快樂醫學

藏傳身心靈預防醫學書

洛桑加參——著

目錄

【第二章】

LIFE BALANCE

身心靈五十二週幸福練習

【第三章】無病無憂無敵快樂 A to Z

【自序】

用一顆溫柔的心，體諒正在受苦的人

顏料的三原色是紅黃藍，人心的三原色是善良、快樂和體貼。

實踐預防醫學，首先需釐清原因，什麼原因令身體受苦、什麼原因使心靈受傷，提前排除掉一些危險因子，許多苦難都可以不必承受。若已經生病了，預防醫學也能幫人恢復健康、避免惡化，在某一種程度上，減輕苦楚、轉化苦的感受。從西藏、印度輾轉來到台灣，我常覺得每天出門就好像去逛動物園一樣，能遇上如狼似虎、如兔子如烏龜一般的人，各式各樣的都有。有些很可愛，而有些，著實讓人吃不消。跳脫當下相處的狀況，提高一個維度來看，是什麼造就了這樣的人，背後故事往往很精采。

請嘗試理解，難搞的人背後都有難過的故事

一個老愛錙銖必較的人，極有可能他從前曾被錢逼過。而一個動不動發脾氣的人，可

能他的肝不太勇健。而在一個群體中總能找到那個愛偷懶的，這，要嘛他腦力不好，要嘛就是他體力不好，才會明躲著事情不肯幹。至於說話尖酸刻薄不講理老是看衰你的那個，還不夠明顯嗎？他本人受的負面評價肯定大過於正面評價，很可能，他從沒機會接觸善知識，或是善知識擺眼前仍無法理解，甚至連一句好話人家都沒跟他說過，因此在他的字典裡，才盡是難聽話。

這些人讓你受苦了嗎？

先等等，其實苦的是他們喔！接觸到苦人，一個沒注意，跟著陷入苦氛圍，那彼此還眞是苦個沒完。

有機會拉人脫苦，好事一樁，在對的時機點上，你就可以做正確的好事。倘若機緣未滿，用你慧眼一看，啊，大概也就知道是怎麼回事，能明白一些前因後果，秉持我心善良、我心體貼，用這樣的態度去體諒別人，能預防自己被捲入苦的漩渦中，莫名其妙跟著團團轉。

LIFE BALANCE

當一個體驗人間苦、思維人間苦的智慧行者

回到自己身上。萬一有些無可避免的苦事、苦遭遇眞的發生在自己身上了，那該怎麼

辦？不妨打開心胸趁機體驗一番吧！體驗人間苦、思維人間苦，都是很重要的生命課題。嘗過，「這太苦，我不要再這樣」升起出離心；又或者，親自嘗過，「唉呀，原來那麼難受」升起同理心，兩者都很讚。

前者作爲一種動機，敦促人奮發向上，譬如小時候生活困苦，決心脫離苦，於是加倍打拼，得到不錯的成就。後者讓你明白人間冷暖，理解他人，看清靈魂受苦的眞正原因，自己從此蛻變爲一個很溫柔、很會體諒他人的人。順便還能修正一下自己的行爲，避免做錯事。像我最近每天都會做的一個淨心練習，就是去提醒自己，「沒有一個眾生喜歡受苦，即便小如螞蟻，人家也不喜歡苦。」有幸身而爲人，最大的優勢是能使用智慧去避免對方受苦。不加任何苦在他人身上，這是最基本的，然後還要盡力找出苦的原因、拔掉苦。不管是他人的苦或自己的苦，都一樣。

你不要小看我說的這件事，綜觀全地球上，有智慧，能升起出離心、同理心、快樂心的生物，其實不多耶！身而爲人有多難得，如同在一片茫茫大海中，剛好有塊浮木，浮木中間剛好有一個小圓孔，然後剛好有隻眼盲的海龜游過來，剛要把頭伸出海面時，又剛好把頭套進這個圓孔般，機率超低。能投胎當回人，要比這樣的浮木盲龜還不容易。

打開未卜先知大智慧，享受快樂與純淨

當人已經夠難得了，若你還願意來了解預防醫學，那又更加難能可貴。很高興有這樣的緣分，我可以慢慢說給你聽。

學習預防醫學，就是去探索各式各樣的可能性，去了解原因、理解自己和別人身心靈所遭受的種種苦，然後找到好的方法去熄滅痛苦。來台行醫這幾年我發現，想從無明無知、生理心理的苦中脫離出來，有一種特效藥特別好用，那就是「獲得升起快樂的知識與智慧」。

破壞性的情緒常常來源於人的不明白不了解。對實相、現實的錯誤看法，引發煩惱、爲人帶來了痛苦。而好消息是，綜觀我們純淨內心的住民中，根本沒有一個叫做「煩惱」的居民。若你讀過我另一本書《靜心．淨心》或許早就發現了這件事。而現在這本《快樂醫學》將更進一步，告訴大家如何用快樂的方法，來檢視、獲得並長久維持身心靈健康。苦盡甘來、恢復本心愉快，我希望大家都能這樣。祝福各位。

第1章

身體為什麼希望你快樂？

01 快樂不是供在那仰望的目標，而是健康指標

你跟誰過不去？你能讓自己快樂嗎？

假設你的健康基準天生是七十分，若常常跟人家過不去、跟家人過不去、跟自己過不去，那都是扣分。不是扣對方的分喔！討厭別人就像給自己下毒，損害的是自己的健康！如近幾年常見的乳癌和肺腺癌，除了環境因素，最容易被忽略掉的是壓力跟情緒這兩項危險因子。患者若心中所願不遂、感受不到愛、不肯原諒，都可能導致病情加劇。

我有個朋友得了肺腺癌，幸好發現得早，經過治療有控制住病情，結果隔了一年居然又復發，他在飲食跟作息上都很注意、很養生，所以復發時自己也感到納悶。聊過後我才發現，我這朋友竟完全說不出令他感到開心的事情，連一件都想不起來，生活缺乏樂趣，工作壓力又特別大。明明事業做得有聲有色，開的又是名車，怎麼就開心不起來呢？

別老是說不，向生命說「好喔」

開心不起來、感覺不被愛、不情、不願、不滿、不安、不爽，每一個「不」字，都是負分。一旦身心靈平衡遭受破壞，健康的人會生病，已經生過病的人容易復發，而正在痊癒的人復原速度緩慢，我遇到的許多案例，都是這樣。

那，有沒有幫自己打氣加分的方法呢？還眞的有！大原則，遇事笑一笑、笑口常開青春常在。你有多快樂，你就能有多健康。因爲你全身上下的免疫細胞都喜歡你這樣。你開心，他們就比較有活力、有幹勁。

一個人脾氣不好、情緒很亂、開心不起來，很有可能是身體某一方面有狀況，不一定是這個人天生個性不好。這時能啟動自癒機制的良方，就是想辦法令自己開心起來、沉浸於快樂之中。如果走進我診間的是一個樂天的人，縱使他有一些看起來很麻煩的健康問題，我都不擔心。樂觀的人身體很好調整，恢復狀況都不會太差，向來如此。

借快樂振翅高飛，華麗變身

有人說：「我被貸款壓著、被小孩鬧著、被主管逼著，哪還有心思快樂？」也有人說：「那個討厭的人動不動就出現在我眼前，每天看到他，我就超級不開心。」讓人不快樂的原因有千百種，但沒關係，能讓你快樂的錦囊妙計我也已經準備好了！在本書第二章中，你還有五十二次變身、重生的機會，透過每一次閱讀，將封藏在厚繭裡的自己，從窒礙難行的困境中解放出來，華麗變身成一隻飛到哪都無比快樂的蝴蝶。

◎明明什麼都有，卻過得不快樂。
◎覺得自己一無所有，就連僅存的快樂都沒有。
◎已經活得還不錯，但還想要更快樂。
◎想藉由閱讀來延長健康壽命。

屬於上述任何一種人，都很適合閱讀本書。

LIFE BALANCE

即刻擁有，快樂幸福不用等

很多人把快樂幸福當成一個「目標」。只把它當成目標，表示它會發生在未來，意思是你能遠觀它，但現在卻體驗不到。「等我能出國，我一定很快樂。」「等我買了新房子，我會快樂。」「等他／她跟我結婚，我才會快樂。」不要等！快樂幸福這種好東西，我希望你天天都能享受它。

而成爲快樂好命人第一件要做的事，就是從現在開始，把快樂當成一個「指標」。嘗試計算一下你每天的快樂指數有多高。比方說種花看見花開五分、爲人解決疑難雜症十八分、吃到美味晚餐十五分、聽到一個好笑的話七分、發現天空很美廿五分、撿到一小時空檔十分、看鏡子覺得自己很帥一百分……自己設定評分標準，然後加總一下。這樣，你就有一個快樂積分。連續計算幾天，你會得到一個平均。往後，儘量讓自己每天不低於平均，實行一段時間，整個人生都會不一樣，健康狀態也會變得較爲理想。

人在實現自己的時候，是快樂的，而你體驗快樂、享受快樂，意思是你正在很好的演繹生命，而不是偏離正軌。要知道，疾病顯化，其實就是一種身心靈脫軌的警訊。提醒我們要回到正軌上。將快樂程度視爲指標，能幫人檢查自己是否步入正軌。處於快樂中，表示你正在實現自己的生命藍圖、實現初衷，這是很棒的一個狀態。快樂持續越長，或感到快樂的次數越頻繁，表示你在正路裡前行的時間越長。若一天百分之百的時間都是快樂的，那你就成仙了！成爲自在無敵的快樂仙人。不過一開始不用要求這麼高，百分之六十的時間令自己處於快樂中，已對健康有極大益處。

計算快樂指數的好處是，你會越來越快樂。剛開始不怕分數低，只要你有一分，每天持續記錄下去，就能把一分變兩分、兩分變三分、三分變成三百分。你所關注的，終會來到你身邊，這是心想事成的宇宙規則。計算自己有多快樂，你會每天越算越多，逐漸培養出易快樂體質、發散出快樂能量場。而計較自己有多委屈，還眞的會越來越委屈，常常想哭、輻射出負能量，連運氣都會變差。

LIFE BALANCE

掌握快樂七寶，想不幸福都難

怎樣讓自己的快樂指數能輕易超越平均值？下面七法寶要會用。

◎**利他**。這是讓快樂指數直接乘以兩倍的心法。開悟的智者以利他爲優先，順帶許多煩惱都會自然而然斷除。記得站在對方的角度去利他，然後船過水無痕不求回報，才不怕有副作用。

◎**感謝**。這是讓快樂一直來一直來的咒語。不一定要掛嘴邊，心裡想也有用。「這麼好，眞是太感謝了！」「感恩某某，讚嘆某某。」「剛溫吶！」「謝啦！」……謝字掛嘴上、謝字放心頭，這是最短的快樂心咒。

◎**自然**。在《不生病的藏傳養生術》中我曾提到，美好大自然中的地水火風空五元素，人身上也有。當你失衡、脫序時，趕快與自然連結，山水海洋天空，森林草原大樹都能幫人重新校準，助你重返正途。

◎**微笑**。這是開無敵的道具。如同超級瑪莉吃到神奇小花就能一路開無敵衝衝衝，暢行無阻。伸手不打笑臉人、病毒最怕健康人。露出笑容、維持正向心情有助於免疫力重建。開心笑一笑，相當於為自己穿上一件隱形防護衣。

◎**學習**。透過學習，將成就一一解鎖。看著自己越來越厲害，這還能不快樂嗎？人類是全世界唯一一種會因為獲得知識而感到愉快的物種，好好利用這點，不管是上網學、看書學、找老師學、自學、偷學，愛怎樣學都行。我有個朋友紓解壓力的方法就是下班後去上泰文課，說泰文寫泰文讓他宛如置身心愛的泰國，什麼糟心事全都被擋在了教室外頭。

◎**社交**。跟實體人類互動，培養真心且美好的情誼。同哥們泡茶講古、和姊妹淘輕旅行、與夥伴們協力完成一項任務，都很愉快啊！萬一出現令你不快的社交經驗，可別跑回家生悶氣，這樣只會越來越不爽。學者研究出來以五擋一這個數據：蒐集五次快樂社交經驗，即能抵銷一次不愉快的感覺。

◎**大善**。即為大菩提心，意思是教別人行善，幫助他人做好事、過好生活，助人實現他的最高版本。這屬於高階利他，更有助於我執的放下。若說「利他」是直接拿煮好的菜請人吃，那麼，「大善」就像是教人種菜與烹調的方法。

「執著越多，煩惱越多。修大菩提心，即能放下。」實行大善，能讓快樂的本心沒有雜染、重見天日。「大善」雖然名稱中有個大，但往往能從小處做起，比方說你看了一本養生書覺得受益良多，於是介紹給親友，等於是將健康之法又教了出去，與人共好。又或是你邀請達人，舉辦演講或讀書會，令善知識得以傳播出去，大菩提心也能因此被激活，自他兩利。還可以單純是物質上的贊助，贊助獎學金，或幫一個有繪畫天分的人準備顏料、畫筆，好事情由他實現，但你可以是那個美好的助力。

大善有時就像籃球場上的助攻，你樂於作好球給正在對的位置、對的時機的人，雖然掌聲歸給得分者，但你仍願意幫助他，這就是大善，而就在這麼做的同時，你已然帥氣放下對自我的執著，這種感覺，是非常輕鬆愉快的。整個社會、整個地球，都像是在打一場籃球賽，外在大環境難免有險峻的時候，但我相信透過不分彼此相互合作，該助攻的助攻、該去得分的得分，那我們都能一起贏！

從醫學的角度來看，不管是修「利他」，還是練習「大善」，都有利於多巴胺（Dopamine）與腦內啡（Endorphin）分泌。你除了會快樂，還默默累積了抗氧化壓力的本錢，不僅老得不明顯，還老得很健康。至於「學習」與「社交」這兩項，則有助於預防大腦認知功能退化，是最強的護腦心藥。以上快樂七寶，光知道沒有用，請務必親自使用看看。

02 病莫病於無常，一起來學預防

人一生中有很多機會可以體驗到苦，避不開的先暫且不談。由於現今醫療技術進步，養生知識又很容易取得的關係，一夕白髮、突然間倒下的這種苦，確實很多都已經可以預防。

「疾病防治？那不是疾管署跟醫生的事？我哪會。」「學醫好難，我文組的看不懂啦！」很多人會這樣妄自菲薄。但只要你識字、願意學習、多方涉獵，其實，眞的沒有什麼學不會的，對自己的智慧，要有這樣的信心。我們診所裡有六、七十位醫療顧問在爲大家服務，他們很多原本是我們的病人。三折肱而成良醫，再加上每週上課、接觸與世界接軌的最新醫療資訊，從頭開始了解自癒、再生、免疫、幹細胞、排毒淨化的運作機制，原本病人都變成好人，身體好好的不說，還有餘力去幫助別人，把自己變成健康的橋梁這樣，我覺得很開心。一次聽不懂，那就聽兩次、三次，聽懂了再挑適合自己的來做，學預防醫學，眞的沒有那麼難。做自己的上醫、醫於未病，幫助自己免於病痛折磨，也幫助他人免受苦痛，是很有意義的一件事。

LIFE BALANCE

不管娘要嫁人還是天要下雨，雨傘先準備好就對了

不知道大家有沒有過這樣的經驗，沒帶雨傘的時候都會下雨，有帶雨傘的時候就都不會下。眞的很有趣，不防的時候災禍連連，防災一做好，什麼災都好像怕了你一樣，都不敢來。學預防，宛如幫自己的身心靈準備一把傘，健康，屬於有準備的人，以及他的親友。學得越多，傘就越大，能庇蔭造福更多人。天助自助者，一旦你開始用功、踏實付出努力，並樂在其中，就連老天爺，都會站在你這邊。

就我自己的經驗，生過病的人，你跟他講預防他很愛聽、學得很快，但對年輕健康的講，因爲還沒受過病痛折磨，你跟他講預防他常常就兩眼空洞看著你，好像在說「預防是什麼？那可以吃嗎？」其實啊，預防有兩種，預防不生病跟預防不惡化，越早開始做，都是越容易的。

以關節養護爲例。大多數人往往都要等到走路會痛時才想到醫生，身爲醫生，我其實很想跟十幾二十多歲的年輕女孩們說，高跟鞋不是不能穿，但要找好穿的，並儘量避免長時間、長期穿著，這對預防關節退化、軟骨損傷很有效。還有就是體後側肌群趁年輕練起來，再加上適度做日光浴，要是你願意練、願意這樣生活、願意穿適合走路的鞋每天三千

步七千步這樣走，你的髖關節、膝關節、踝關節老了也不會壞，可以用到九十九。自己省下的關節醫療支出，是十幾萬甚至幾十萬。省下這些錢要幹嘛？你愛幹嘛就幹嘛，去旅行、去吃美食，不是都很開心？

順帶一提，台灣人除了在安眠鎮靜藥物上每年是幾億幾億顆吞下肚外，國家也花了不少錢在膝關節上。據健保局統計，台灣人每年約有兩萬人次置換人工膝關節，連同材料加手術費共計支出二十六億多元。這二十六億元要是拿來蓋圖書館、博物館、修馬路加裝路燈，不知道有多好用。

幫國家省，也幫自己省

現在正是時候，是你發揮「大善」的好時候。幫國家省、幫健保省，同時間也讓自己的身心靈獲得眞正的自由。

人在退休或財務自由後，會有四種資金需求：

◎看病醫療支出。

◎照護與安養金。

◎日常生活開銷。
◎休閒旅遊費用。

在日常生活開銷固定的前提下，如果能省下看病、請看護的錢，轉而花在休閒旅遊上，那你的人生品質可說是連跳好幾級，要多快活就有多快活。我一天到晚勸人多走走、多看看，「把錢拿來訂旅館床位開心出遊，好過花在醫院病床上痛苦生病。」我演講時常用到這個比喻。

怎樣才能做到這樣？當然就是學習預防！據統計，以平均值而言，國家若投入一塊錢在預防醫學上，將來可爲國庫省下八塊錢醫療支出。換作是個人，也是一樣，除了省錢，還省下因病痛受苦的經驗，我覺得眞的很划算。

LIFE BALANCE

小孩才做選擇，我通通要

從前人練武功有各門各派，很講究師承，規矩很多。但學預防醫學不用這樣侷限，就連所謂的主流西醫，現在融入正念靜坐、放鬆療法、整脊整骨、醫學氣功、適應原草藥、虹膜學的狀況也都很普遍。事實上，我覺得東西方互補互相支援，有其必要，能健康最重要，管他哪個流派，哪種醫療體系，能把人醫好，那就最好。

以西醫爲代表的西方醫療系統，從微觀出發、從實驗室出發，處理那些小到眼睛看不見的病原微生物，特別厲害。而包含西藏、印度、中國、日本在內的東方醫學系統則採宏觀角度，「讓我們來跟體內體外的微生物和平共處吧！」凡事講求平衡的東方醫學，會傾向這麼說。在預防醫學的領域裡，不用去爭誰第一，誰有用就用誰的。交叉用、互補用、輪流用，只要有用、好用，通通可以拿來用。

話說西藏醫學當初也是融合了印度阿育吠陀、文成公主帶來的中醫，還有尼泊爾、突厥與西藏本土的醫療知識，才變成一支速效，甚至讓人覺得有點神奇的藏醫藥學。而以佛教醫學爲本的藏醫比較特殊的是，還格外注重靈性健康。這是西醫跟中醫較少觸及的部分。雖然在台灣，要掛藏醫門診、買藏藥都不是那麼方便，不過在靈性健康這一塊，我認爲透過文字傳遞，是可行的。身爲一個西藏人，我十分樂意把我自小所見所聞所學，關於靈性療癒這部分，毫無保留跟大家分享。本書中一些看起來像是心靈雞湯的部分，它不只是勵志文，也不只是講講情緒而已，其中已祕藏療癒的部分。只要你開始閱讀、去體會、轉化思維，並化爲實際行動、持之以恆做下去，你將成爲一個眞正健康，而且十分快樂的好命人。

遺傳性疾病、傳染性疾病，要怪還可以怪說是人家傳給你的。但慢性病，可就是自己日夜累積養出來的。怎樣趨吉避凶、健全免疫、優化基因表現、養出生命力不養出疾病？

接下來，讓我們用比較輕鬆愉快的方式，一起來實現身心靈健康。

03 調控基因表現，植入快樂基因

上半年第二波新冠疫情突然捲土重來，所有人生活節奏一下子被打亂。若把爆發當起始點，一些人選擇向左走，欲以抱怨來舒緩自身的恐慌與不安，實際上是越抱怨越悲觀越憤怒，讓自己血壓飆很高。而另一部分人選擇向右走，用自律忍耐、感恩感謝、支持和援助，不僅成功轉移掉自身的焦慮，還做出有建設性的事情。其實，不少醫學院教授、心理學家早就通過各項實驗告訴大家，感恩、利他並快樂著，才是正確的路，如果你想要的結果是健康的話。遇到災難性大事件，最好緩解緊張焦慮的方法即是有錢出錢有力出力，若錢沒有、力也沒有，那也沒關係，乖乖待在家裡不給人添亂、讚聲留言支持或心裡默默爲眾人祈福，都算是有幫到忙。一樣對健康有正面的影響。

LIFE BALANCE

做自己的最佳女／男主角

永遠別輕視自己在健康中扮演的角色。

在日本，慢性病不叫慢性病，稱爲生活習慣病。我覺得這個名稱十分貼切，因爲確實有相當多問題，是自己搞出來的。而要回歸正常、回歸健康，自己也要付出相當的努力才行。逆轉勝，不是不可能。比方說糖尿病，就連曾經需要打胰島素的病人，也能在做出改變後，斷開胰島素，重生變成一個「好人」。

當然啦，人靠藥物不可能逆轉。靠改變生活型態、改變自己的情緒和想法，才有可能逆轉。糖尿病如此，高血壓、癌症、風濕免疫疾病，亦如是。當一個人罹患疾病，痊癒分工，醫療最多只占百分之二十五，剩下百分之七十五掌握在患者手裡，不是說你花上百萬做幹細胞、免疫療法，就萬事妥當，自己的角色、重新校正生活型態這部分，操之在己。旁人無法代勞。

常有人問，「遺傳不是也很關鍵？」我這樣說好了，壞遺傳，就像你擁有一顆畸形的壞蘋果種子，但你不去種它、不給它澆水，它也不會長出來啦！所以父母糖尿病，不代表你也一定會糖尿病。要得到什麼慢性病，其實也沒那麼容易。健康出了問題，不懂的人老是去怪罪基因，其實基因也很無辜。

不健康，是日夜累積下來的。而健康，也是！

優化生活型態的方式很多，比方說每天都喝足夠的水、重視蔬果好油攝取、勞逸均衡有運動有休息、避毒排毒、調整作息、做日光浴、延長深層睡眠時間、放鬆練習、改善呼吸習慣等等都包含在內。但依照我的臨床經驗，有一個點，它特別關鍵，就是「你看待世界的目光如何」。我常說壓力怨氣不要累積。舉一個杯子，舉五分鐘很輕，舉五個小時手會痠到爆炸。怨氣壓力正如同這杯子，你不肯放下，肯定會心酸到爆炸。特別是跟自己最親的家人，怨氣宛如慢性自殺，越想越氣，千萬不要進入這樣的惡性循環。

善循環、樂循環等你一起來加入

由於現代人接收不良資訊的機會太多，不知不覺就把自己訓練成一種容易抱怨、容易不滿的個性。我在我的企業裡提倡善循環，希望大家把自己訓練成一種容易感恩的個性。一抱怨，一感恩，一個罹患疾病，一個離開疾病。我們，當然要離疾病遠遠的才好啊！

如果你一天都沒有去練。放下容易嗎？當然不容易。練習、練習、再練習。一定要能醒覺去察覺自己正在被「汙染」，果斷離開那些不好的影響。儘可能讓大量的善知識、正知正解包圍自己，常常接觸、心裡常常去想一些好事情，並把善意化爲實際的善舉善行，每天每天，都要這樣練習。

永遠記得把自己訓練成一種容易感恩、容易快樂的個性，這對降低罹患各種慢性病的風險，以及提高健康衰老（Healthy aging）的機率，大有助益。英雄不怕出身低，別怕自己沒有好基因，你有的！好好去澆水，用諸善奉行、諸惡莫作的態度去養護、修剪、照顧自己的身心靈之樹，小時候是藥罐子長大卻變成神醫的例子，不是沒有，像這樣的好事情，當然也有可能發生在你我身上。

04 本書使用方法

首先感謝你翻閱本書，台灣一年出版新書約三萬五千本，茫茫書海中，能有機緣與你相遇，我覺得非常高興。

而這樣的緣分，可能代表兩件事情，第一，書裡的部分內容是你需要的，請像玩尋寶遊戲一樣把它找出來吧！第二，書裡的內容可能是別人需要的，但能透過你來傳播。畢竟，現在很多人都不看書了嘛！手機比較好看。然而也有人因為生病的緣故，不方便看書。這時候，你可以說給他聽、做給他看、找他一起做。傳善法、傳播健康之法的方式千百種，看當下適合哪種就用哪種。

「那，萬一人家不聽怎麼辦？」這也可能代表兩件事情，第一，你這個對象超級頑固。遇到這種不用怕，反而要高興，會遇上他，表示你有能力、有潛能，自己的靈性級別也是不低的。第二，自己的福澤累積還可以再升級。想要別人願意聽你說話，自己的福澤越多，訊息越能傳達出去。我常用 5G 類比福澤深厚，福澤淺薄則像是 1G，只有 1G 的時候即便你說到全身是嘴，訊號還是不清楚，人家很難接收這樣。比方說達賴喇嘛提到，「常常把我我我掛在嘴邊的人，罹患心血管阻塞的風險更大。」大家一聽，對對對，馬上就放下了我執、升起利他心。換做我來說，我福澤沒大師那麼多，同樣的事情，我還得花大篇幅解釋一番，人家才聽得懂。好好提升自身福澤，話語才會有份量，想做好事情，也比較容易實現。

簡單講一下這本書要怎麼看。

◎**第一種，就跟平常一樣從第一個字看到最後一個字。**如果你屬於傳統讀者，喜歡這樣的方法，那就這樣做吧！有些特別重要的觀念，我會用不同的方式重複講述。我從小讀佛經，發現很多佛經都會用這樣反覆講的方法，把善知識種在讀者識田裡。西藏人有時候就是會這樣，覺得重要的事常會反覆講，不嫌囉嗦，哈哈，不知不覺就變成這樣的敘述習慣。如果你遇到一個西藏人，發現他老講同一件事，不是他失智，是他覺得這個很好很重要，所以會講三遍以上。

◎**第二種，跳著看，翻到哪篇看哪篇，或是查目錄，先看有興趣的。**如果你屬於雜誌閱讀型讀者、網路世代、時間比較零碎，那這個方法就很適合你。不用擔心看不懂，這本書每篇文章，單獨看，都是沒問題的。

◎**第三種，當成解答之書來翻。**當你心中有一些不舒服不明白不情願的時候，靜心想想你的問題，然後閉上眼隨意翻一頁，答案就在裡面。我前兩本書《靜心．淨心》和《簡單豐足》都有這樣的設計，但前兩本有解答之書功能的，只有第二章那五十二篇。這本《快樂醫學》則是第二章跟第三章都可以翻。特別是我還寫了五十二個快樂任務，當你覺得人生停滯、陷入低潮時，任翻一個任務來做，都是很好的。如果你要把五十二個快樂任務做成籤筒，沒事抽一個來玩，也是很可以。

◎第四種，床頭書助眠用。如果你晚上睡不著，是因爲白天事情太繁雜，躺在床上都還會不停的想，不妨就用這本書幫你轉換時空吧！看個一、兩篇，切換心情，保證比滑手機還好睡。看著會發光的螢幕，反而會讓人推遲睡眠，越晚精神越好。要好睡、轉換時空、切換情境，紙本書籍是首選。

◎第五種，不只自己看，還送給別人看，與你關心和關心你的人分享。我已經儘量用九歲到九十九歲都看得懂的淺白文字，將東西方醫學知識和科學實驗結果呈現出來。好消息是，你若願意跟人分享，幫人升起快樂、拔掉煩惱，你自己的記憶力、理解力，都會更加卓越。武林流傳一句話「教功者長功」，不藏私，更能進步神速。

順帶一提，爲了預防他人罹患疾病，你去分享善知識與善方法，自己的果報是「長壽健康」。自他兩利，何樂而不爲？這麼好康的事，當然要加倍使勁啊，福澤點數翻倍送，分享、分享、再分享。

最後提醒一點，看完這本書不用考試的，沒有全部做到也不用罰站，挑喜歡的做就可以。無須給自己太大壓力。覺得好難好難，人生眞的有夠難。如果產生這樣的心理負擔，請趕緊把書放下，別看了，先去做其他好玩的事情吧！

讀書如蜜蜂採百花釀蜜，願這本《快樂醫學》能爲你的日常加些甜、添點蜜。

第2章

身心靈五十二週幸福練習

01 壯大快樂心，敵人有妙用，請這樣用

想得到眞正的快樂，能跟你一起開心的人很重要，但那些讓你不開心的人，更重要！討厭的人，你可以罵他。但語言暴力換回的還是語言暴力，狀況沒改善就算萬幸，更多的時候，是惡化。用嗔怒對付嗔怒，並無法解決問題。可惡的人，你可以恨他。但心中所願不遂、怨恨積累在胸，心與肺是最大的受害者，傷的是自己，而那可惡的人，卻一點事都沒有。不想見的人，你大可以躲著他，但關上門避世，固然「壞的」進不來，但那「好的」同樣也進不來，這樣好像有點虧到。

那，難道把自己丟出去任人糟蹋？那可不行！所有生命都珍貴，豈能任人宰割。快快打開心中的智慧導航，看看快樂的路怎麼走。

LIFE BALANCE

轉彎遇見怪人，我也只是笑笑的而已

首先，心裡轉個念，把「糟蹋」轉譯爲「成就」。如同感冒病毒，可以鍛鍊免疫力，

越早讓自己的免疫系統去接觸各式各樣的微生物，將來越不容易過敏、抵抗力也會比較健全。同樣的意思，你的那些「敵人」，就像那些鍛鍊你的病原微生物，也是你的「逆增上緣」，讓你蒸蒸日上的一種奇妙緣分。沒有敵人能眞正摧毀你，但你可別被自己給摧毀了。不明白慈悲宇宙派遣敵人來到身旁的用意，那日子還眞會過得很辛苦啊！

再來，修煉忍辱、安忍。曾發誓再也不生氣的不動佛（立誓時還是位比丘），當他修煉修煉，直至成佛的過程中，居然完全沒有魔軍、宿敵需要去降伏。聽到這裡，聰明的你應該不難猜到，原來敵人或心魔的出現，很大一部分是源於自己的恨意、怒氣和恐懼。所謂的「敵」人、「友」人，是敵是友，都是自己加上去的形容詞，把形容詞拿掉，他們都只是人。形容詞就像火鍋店裡的醬料，隨人喜好自己加，要是我，喜歡在人前加個「貴」字或「福」字，這樣，不管人們用什麼樣的方式登場，對我來說，他們就都是貴人、福人。

達賴喇嘛曾開示，「對培養慈悲心的人來說，敵人特別有價值。因爲摧毀慈悲的是嗔恨，而能克制嗔恨的是安忍。敵人則提供了修持安忍的好機會。」換句話說，敵人是幫你取得慈悲、快樂學分的教練，他們用各種你討厭卻是很需要的磨練方式，讓你成爲更好的一個人。靜心歡喜接下挑戰，別被氣昏了頭，就有機會得分。

LIFE BALANCE

跟他認真就輸了，你若無傷歲月無恙

現在很流行的話題「情緒勒索」，也適用我的「教練說」。試想，若把矛頭指向勒索者，你把他每一句話分析得透透又怎樣？完全不會怎樣，他還是照三餐勒索你！解方在自己身上、在被勒索者身上。你若不在意，他人又豈可稱心如意？安忍安忍，最重要是安好自己一顆心，唯智者能忍、唯仁者能忍、唯勇者能忍，所有的勒索、討厭的人弄出來的艱難狀況，都是培育智仁勇的契機。把它當成助力，自己還能跳得更高一些。

想成爲一個眞正無敵快樂的人，安忍是必修課，不是選修喔，我常說人是有選擇的，但很抱歉，這堂課，沒得選，沒辦法跳過。還是早面對早輕鬆，再慮下去，天都要黑了。覺得不想面對、不知怎樣面對的時候，試著默念這兩句「安忍不動如大地，靜慮深密如祕藏」祈請「學長」幫忙。又或者進行「地的觀想」，也有幫助。我的前幾本書教過火的觀想、水的觀想，談到安忍，來練習地的觀想，那是極好的！

想像自己是土壤、是大地，與地球融爲一體，全然接受動物們在土地上吃喝拉撒，不特別討厭，也不特別歡喜。宇宙中的地水火風等元素，人身上也有。觀想你體內的地元素發光閃耀，並意識到自己內在蘊藏珍寶無數，如層層礦藏。觀想自己是土地，擁有滋養他人的能量，源源不絕且貧富無差、喜惡無差。一如地無揀擇，同生玫瑰與荊棘。

嗔恨無法治癒嗔恨，唯有慈悲包容才行。

快樂任務：觀想三種人，慈悲心超展開

類似香菜能螯合出重金屬這樣的作用，比香菜還要厲害上百倍的慈悲心，是宇宙間最強大的解毒劑。常保身心靈平安，請讓慈悲心的能量順著你的血液擴散開來。現在，你有三個人要想。第一個是你愛的人，一想到他就覺得心頭暖暖的，你打從心底希望他快樂幸福且健康。「祝你平安快樂」請給他一個祝福。第二個是你不特別喜歡也不特別討厭的路人甲，「祝你平安快樂」你也這麼說。第三個是你的敵人，「幹，祝你平安快樂」，開玩笑的，幹字拿掉，請一樣祝他平安快樂就好。

等到後頭兩個「祝你平安快樂」跟第一個一樣真誠的時候，你就成功了！

02 預防多巴胺系統退化，健康多活九年

時間就像海綿裡的水，認眞擠一擠，總還是有的。有人說：「現在沒時間養生，將來就有時間生病。」雖然語帶恐嚇，但不無幾分道理。

「我其實不想活那麼久。」有人這樣跟我說。確實，活長活短不是重點，重點是有沒有值得。身爲一個佛教徒，我認爲人只要醒覺、開啟智慧懷抱利益他人的慈悲心活著，那不管時間長短，就都很值了！身爲醫生，有時我們會利用壽命長短這個數字來研究一個地區的醫療水平，但說實在的，平均是平均，每個人還是有長有短，眞正重要的是，你活著的時候有沒有健康！若被病痛纏身，那別說利他、修行、實現初衷，恐怕就連想好好吃飯、好好睡覺，那都不容易。

培養快樂力，讓身心靈更有活力

我一直在研究用快樂促進健康的方法。除了閱讀能令人健康壽命變長外，經常懷抱正

向情緒、日常生活中感謝多於責怪的人，也往往是最健康的那一群。除了平均壽命較長，他們的免疫力、對抗外來感染的防護力，以及避免心血管疾病、糖尿病、癌症等慢性病發生在自己身上的健康力，都較同年齡的人，來得優異許多。

鑽研幸福科學的美國研究人員告訴了我們數據，那些最樂觀的人們，不論男女，他們的平均壽命要比那些最悲觀的人高出十一至十五個百分點。換算下來，以快樂、感恩來預防氧化壓力對細胞造成傷害，大約能讓人多活七到九年。

有人百歲高齡還能負重深蹲，有人才六十歲連走出家門都會覺得累，像是肌肉流失、關節衰退這樣的現象，人們比較有感，所以知道要運動、要鍛鍊。但「多巴胺系統衰退」這項老化指標，卻常被忽略，變成壞脾氣老人、記憶變差、對身體運動的控制能力變差、睡不好、容易疲勞、體重莫名增加或減少、專注力降低，都可能與多巴胺系統衰退有關。

LIFE BALANCE

促進多巴胺分泌，跟我一起這樣做

前面講了這許多，有個概念就好，現在直接來講方法：「確保自己能分泌足夠的多巴胺，來維持自己不管活到幾歲，都是健康又快樂的狀態。」以下幾個有助於多巴胺分泌的方法請確實記起來，並經常輪流練習。

◎聽令自己心情好的音樂。美妙的旋律令人陶醉歡喜，這些高低起伏的音符，你用耳朵聽進去，如同在幫大腦做SPA，分泌多巴胺的腦區瞬間活化起來，增加分泌濃度。你有自己的主題曲嗎？你有自己的快樂歌單嗎？若還沒有，新增一個吧！這麼重要的「防鬱物資」，平常就要準備好。

◎觀想美好的未來，靜心淨心。這是我每天都會做的事。一方面促進多巴胺分泌，一方面優化腦神經元迴路。良善的事業、美好的事物、美麗的畫面……都是很好的觀想標的。或是你完全不想、純粹享受放空，讓腦波降速、慢下來，呼吸慢下來，也是很可以。

◎為合成多巴胺提供充足的酪胺酸。說人話就是吃得營養。富含酪胺酸（Tyrosine）的食物有：起司、牛奶、雞蛋、黃豆、杏仁、芝麻、馬鈴薯、菠菜、番茄，還有我最愛的香蕉。看到這裡，大家是不是有點開心？都是些容易取得的食材。不過適量攝取就好，少數人吃多了反而會出現頭疼的反應。

◎跟著音樂動滋動。爲什麼醫生老愛叫人運動？因爲這是一件既能維持肌肉不流失、關節更靈活，還讓你多巴胺分泌、心情愉悅的好事情。喜歡游泳的游泳，喜歡跳有氧的跳有氧，喜歡快走的就盡情去走吧！與其呆坐，不如讓生命流動。有句成語叫「坐困愁城」，怎樣可以不愁？很簡單，走起來、動起來！

此外，開口笑、喝好茶、吃巧克力、沐浴陽光、打造腸道良好菌相、追求心儀對象，以及進入心流狀態、專注去完成一件事情，皆有利於多巴胺分泌。

健康並快樂著，美好生命本該這樣。

快樂任務：選件你在乎的事，心無旁騖把它做到最好

人體設計十分精妙，許多機制反過來，也通。比方說多巴胺系統衰退，人的專注力就會下降。反過來，訓練專注力，則有助於預防多巴胺不足。雖說談戀愛、吃巧克力也會有多巴胺，但天天談戀愛、吃巧克力很容易膩又沒什麼創意。

不如，投入一件有意義且能激起自己熱情的事物上面，這倒是天天做都不嫌麻煩。有人跟數學談戀愛，解題解到連手機響都沒聽見這般專注。我喜歡將生命歷程顯化為文字，享受著靈光乍現的感覺。修行人則在練氣、靜心觀想過程中，抵達一心不亂的祥和之境。極地探險家、馬拉松跑者馳騁在路上，開啟了與自己內心的深度對話。心無旁騖能為你帶來怎樣的快樂？請務必親自實驗看看。

03 從病中逆轉勝的人，都做了哪些好事

比起「消滅」、「對抗」這類用語，身爲一個西藏人，我更中意「轉化」。我們高原人超愛轉，什麼都用轉的，轉山轉水轉佛塔轉經輪，轉習慣了，轉念就很快。不怕被那些「討厭的」、「不喜歡的」給耽誤了青春。

轉念轉得好，什麼運勢都能開出一朵花。

若不喜歡自己現在的身心靈狀態，你一樣可以轉。轉變作法，即能得到新的結果，原理出乎意料的簡單。傻人總一再重蹈覆轍，卻期待更好的結果，智慧人則會記下實驗結果，在一場場生活實驗中，不斷轉化、改良，發展出一條最適合自己的途徑。因此，每每逆轉勝的，也總是他們。

LIFE BALANCE

轉病為福轉憂為喜，健康屬於你

統計歸納，從重大、頑固、慢性病中康復的人，大抵都做了哪些相同的好事？一起來

看看。

◎拿回對自己健康的主控權。人一生病，最先想到的就是去看醫生。不過你知道嗎？醫療院所對恢復健康所能提供的幫助，頂多百分之二十五，剩下百分之七十五其實掌握在病人手中，比如說轉換生活型態、改變作息、經常鍛鍊等等。再強的免疫、再生療法，少了人對自己的關心、愛心、信心和耐心，也難以發揮大用。自己能努力的部分，那是很大一部分，在這方面，千萬別直接放棄失分。

◎翻轉舊習，全面優化飲食。在自己的功課裡面，優化飲食就是很重要的一環。目前我最推薦一種「以多樣化植物性飲食爲主」的飲食法，這同時兼顧個人健康與環境永續，無論有病沒病，大家都可以一起這樣吃。

◎減毒避毒，顧好內分泌。地球環境在變，如何減少環境毒素對健康造成傷害，是我們今後都要不斷努力、研究的功課。所幸人體有優異的排毒淨化設計，比方說你運動深層排汗，就能排出重金屬，還有吃香菜，也能螯合出重金屬。令體內毒素不超載，有排有泄，基本上就不怕健康亮紅燈。

◎調整腸道菌相。腸道顧得好，連臉都會變漂亮，一些顆粒、暗沉、斑點都可能自動消失。最棒的是，你的免疫力跟心情，也都會變好。人體內七成免疫細胞在腸道生成、訓練。而能讓人心情愉快的血清素（Serotonin），高達八、九成是在腸道中被製造出來。補充益生菌，以及益菌喜歡吃的益菌生（Prebiotics）即能優化腸道菌相。前面提到的多樣化植物性飲食，就是很好的益菌生來源。

◎善用適應原（Adaptogens）。比方說人參、黃芪、甘草，台灣的牛樟芝，印度的薑黃（咖哩裡面很多），還有西藏的冬蟲夏草、紅景天，乃至於南美的瑪卡，都屬於適應原。這些無毒的草本植物，可說是植物界裡的超級天王，在調節人體機能、恢復各項功能、矯正失衡上，有了適應原植物加持，可大幅強化自身健康、預防退化性疾病，就連適應外界日趨惡劣環境的能力，都會增強。

◎展開與內心的對話。即便每年做健康檢查，數字都很漂亮，但也不保證人一定可以活到八、九十歲。大部分人活著，都活得彷彿自己會長生不老一樣，對於天賦、天命、實現自己的最高版本這種重要的事，常常覺得可以再等等，反而浪擲大量時間在沒必要的金錢追逐、人際關係或滿足私欲上。不想做的不要忍、想做的事不要等，請確實靜下來，聽聽自己內心怎麼說。

◎接受壓力訓練後，記得卸壓減壓。一項瑞典的女性乳癌研究發現，比起需要長久忍受壓力的女性，那些很懂紓壓的女性在乳癌罹患風險上，可少三到五倍。高壓能夠鍛鍊心智，但永遠別忘了鍛鍊完要卸壓減壓。一條鬆緊帶你若一直拉到最緊，很快就壞掉，人也一樣。由於壓力有各種型態，形成原因各異，因此紓解的方法也不太一樣，後面篇章會詳細說明。

◎**盡最大努力活得快樂又自在**。一項心肌梗塞患者的追蹤研究發現，每十位早逝者中就有七人是悲觀主義者。快樂活著跟悲觀活著，兩者存活歲差可達七年。怎麼會這樣？除了荷爾蒙影響外，我覺得很大一部分原因在於，快樂的人常常也是看到最多機會、樂於嘗試、發現最多可能性的那一群。在資源相同的前提下，能好好運用它們的人，當然就是大贏家！好好培養自己的快樂力，健康力也會跟著提升。

◎**探索靈性世界，提高維度**。西藏醫藥學在靈性療癒這塊耕耘已久。當然靈性療癒有很豐富的內涵跟層次，眞要細說，可以寫成好幾本書，簡而言之，去除無知無明與化解貪心、嗔恨、癡愚三毒，是必修的重點，三種心毒清一清，整個人生都會變得很不一樣，看什麼都會變得很順眼、很開心。先訓練自己「能知」，諸多煩惱自然「能斷」，這是有順序的。

◎**擁有支撐自己活下去的強大理由**。這是一劑能讓人「起死回生」的強心針。擁有這樣的動機，對於從疾病中康復痊癒，還有加速的效果，甚至能讓奇蹟發生。找時間和自己的內心深談，他會告訴你這個強大的理由是什麼。

生過病的過來人用上述方法恢復了健康，倘若你正爲疾病所苦，希望你能從中獲得靈感，從此脫離基因擺布、甩開惡疾糾纏，再創美麗新生！

快樂任務：重拾喊暫停的勇氣

日夜操勞天天練兵累壞了？別忘了，休息也是一種練習。就連千萬人盯著在看的運動賽事都能喊暫停，我們的人生為什麼就不行？當然可以啊！有時想想，根本很多事其實也沒有做的必要，這時也能權宜說句，「暫停一下喔，先等等。」「我再想想。」之類的。儘量別讓不要緊的事吃掉你人生主要任務的時間。

暫停暫停，該喊就喊。我們雖然本心善良，但可沒答應要當爛好人，萬一狀況太離譜、對方要求太超過時，都要記得喊暫停，別不好意思。是說人家都好意思來麻煩你了，你又何必不好意思拒絕他呢？

04 重啟人生，快活慢活精彩到老

很多人怕變老，怕被人看起來老，怕老了各項機能退化，怕老了沒人照顧。不用怕，搞不好你活到一百歲，別人還得靠你照顧呢！人瑞活跳跳腿腳有力精神飽滿，還能轉而照顧罹癌子女的案例，也不是沒有。

LIFE BALANCE

十指勤勞人不老，趕快動一動

天佑勤勞人。如果你總願意勤快使用自己的十根手指頭，歡喜去為他人做點事，據統計，你在病痛中辭世的機率，已經先降一半。美國學者長期追蹤利他者與未付出者的身體狀態後發現，利他者明顯占有各方面的健康優勢，更有機會健康衰老，意思是到離世前，身心靈狀態都很理想、很快樂、不用插管或臥床。「施比受有福」這句老話可一點都沒說錯。

用醫學的角度來解釋那又更清楚了，第一，手指靈活、常用，能激活大腦多個區塊，這對預防腦功能衰退特別有幫助。第二，幫人幫得好，自己心情也會很愉快，我們就是要用你的這個「愉快」，來刺激腦下垂體，分泌各種剛剛好適合你用的荷爾蒙。雖然化學物質在實驗室裡都能合成出來，但要打多少量才能達到健康平衡，其實自己的身體比科學家更知道。

有一個老媽，每天最開心的就是爲自己的七十多歲老女兒做飯。每天做每天做，做習慣了，連自己已經變老，都沒發現哩。人家活到快一百歲都沒在怕，我們又有什麼好怕的呢？像我自己，也是不知道能活到哪一天，但我知道，看到外頭天氣不錯時，就該去走走，享受那太陽、享受那清風。

LIFE BALANCE

用好心態抵銷歲月催人老的氧化傷害

不管你是想要慢活品味人生，還是喜歡快活暢意自在，精彩到老、健康到老的三個心靈處方，分享如下：

◎**可以退位但不能退休**。沒有名片、沒有頭銜，都沒有關係，但一定要有事情做。這個事呢，可大可小，只要是對兩個人以上有利的，就都可以去做。若自己有點本事，最好不藏私儘量教出去。我認識一個七十歲的「老」師，每週幫人上課兩、三天，課餘還能下田，看上去比實際年齡年輕至少二十歲。腦有動、手有動，歲月就不動，這是最好的凍齡術。隨時間過去，有人蒼老、有人熟成，就看你決定要不要好好動一動。

退休老男人沒有成爲家庭英雄反而成爲「大型垃圾」的案例，比比皆是，太太們成了最大的受害者，一下子跟老公相處時間變長，居然讓身心更疲累、壓力更大、生活滿意度更低。對此，我已深深覺悟，決定行醫到不能行醫爲止，然後繼續傳善法，打死不退休。

◎**不是因為老了玩不動了，而是因為你不玩，所以老了。**試著講一個笑話看看，你講得出來嗎？周圍的人有笑嗎？或是你自己先笑出來，那也是可以啦！幽默感喪失是很恐怖的一件事情，如果能引起你興致的東西越來越少，那就要有所警覺。身體機能的一連串衰退，正是從這時候開始。

預防光速老化，請開始嘗試做一些需要創造力的事情，如修繕、著色、園藝或自助旅行。也可以是去學一件原本不會的事，比方說下載某個應用程式、拉二胡、破解魔術方塊。重啟大腦裡的快樂迴路，不想做的不要忍、想做的事不要等。今天，就是你最好的一天。

◎**誰身上沒有一些毛病，但它們都不礙事。**目前醫療科技水平、營養取得，甚至是你的保健知識，都比我們上一、兩代進步很多很多。我看新聞播報有時候事件人物才五、六十，記者就稱老嫗、老人，我心裡就想「蛤，人家哪裡老了，他跑起來搞不好都還比你矯健咧！」

是的，長壽時代已來臨，你現在可以把你健保卡上的年齡，打八折，當成自己的實際年齡，如此高高興興的活著。七十歲太太還能看清地上的一粒灰塵、八十歲教授心肺功能不輸籃球校隊，像這樣的案例多到天邊去了。我們診所很多客人看上去還是小姐模樣，其實小孩都已經上大學了。

與其怕老擔心老，不如想想如何才能夠健康衰老，從現在開始準備過上美好的第二人生，永不嫌早、永不嫌遲。

快樂任務：學五個年輕世代用語，實際用看看

語言一直在進化，踏在進化潮流上玩衝浪，能常保心智上的年輕。近幾年新創詞彙包含：甘阿捏、人+377、484、87、母湯、澳打、高玩、吃宵、是在哈囉、阿姨我不想

努力了、史密斯、佛系、內牛滿面……以上你能看懂幾個呢？其實這些都已用了有一段時間了。請自己去學五個現下時興的流行語，並試著跟年輕世代對話、傳賴的時候用看看。

05 提高一個維度看事情，走出困局抄捷徑

想像自己正在破解一個迷宮，若只是身在其中傻傻的試，那碰壁的機會就很多了。如果不斷碰壁、不斷嘗試的這個過程，你覺得很有趣，那這篇你可以跳過不看。但要是你對各種碰壁、找不到出路感到灰心，有被困住的感覺，請繼續看下去……。

LIFE BALANCE

總是有辦法，除非你自動棄權

只要迷宮出口是在外側邊緣，你用左手摸著牆一路沿牆走，即便閉上眼，都能順利脫困。又或者你不想靠自己努力想靠「別人」，那麼，請黏菌帶路也是可以，只要在出口處放上黏菌喜歡吃的，一覺醒來，黏菌自動幫你連線出最短路徑。奸詐一點直接偷看解答，也不是不可以。解題的方法很多，除非你自判無解，自動棄權，否則，總是能找到方法

的！好玩的迷宮是如此，謎一樣待解的人生課題，也是如此。

方法千百種，對藏人來說，我們偏好直接、簡易、最有效的那種。不喜歡把事情弄得太複雜。若要我來解一個迷宮，我會觀想自己飛升，從高空俯瞰，路徑瞬間明朗。漢人有句話說「當局者迷」，確實是這樣。身處迷宮、身在雲霧中不知處，不知該何去何從，那都很正常。若從山頂俯瞰，那道路、方向、位置，可就都一清二楚了，不是嗎？

LIFE BALANCE

當毛毛蟲還是蝴蝶？各有各的樂趣

「提高維度看事情」可不是一個做不到的神話或喇叭話。這是一個毛毛蟲跟蝴蝶的區別。你可以當毛毛蟲，不知未來如何匍匐前進，如果你喜歡的話。你也可以成爲蝴蝶，多往前看幾公尺，精準定位到自己喜歡的花蜜。當毛毛蟲有毛毛蟲的驚喜，當蝴蝶有蝴蝶的樂趣。沒有說哪種絕對壞或絕對好。最重要是，你喜歡、覺得有樂趣就好。

說到人生迷宮，有的迷宮好玩、有的迷宮很煩。遇到那種很煩的、很想趕快跳過的，請試試蝴蝶這種飛升法。提高一個維度去看。如此一來，你在心情上就不會像被捲入漩渦一樣，在無限的痛苦迴戰中，疲於奔命。

人在江湖衝，遇上幾個颱風、龍捲風、漩渦那都是有的。要不要跟著團團轉，倒是自己可以決定。不好玩、令你不愉快的時候，提高一個維度去看，採取超然、旁觀視角，那解決方法就很多了。就連別人罵你，你心裡難過，也可以採取這樣的作法，跳脫當下生氣難過的我、飛到雲端、嗑著瓜子，以觀眾的心情觀賞人間事，哎，這可比大部分的連續劇都還要好看。

LIFE BALANCE

升級大腦好機會，多想多思考

腦細胞固然會老死，但我卻不怎麼擔心，因爲人的大腦神經元連結能不斷創生，常常思考方法、尋求解決途徑，相當於是在幫大腦升級更新。這對激發創造力、預防認知功能衰退，都是極好的！

人生迷宮不好破解，還有一個原因，一併告訴你。有可能是你把自我膨脹得太大了，這樣，當然很容易就卡住。試想，駕著一艘小快艇，要通過像蘇黎士運河這麼窄的河道，輕輕鬆鬆。但要是船身有四百公尺那麼長，怪風一吹一個不小心卡住，尷尬了，等著收貨、後面排隊的船還有保險公司，可都要哭哭了。

一樣的意思，人把自己看太重要、太了不起的時候，便是患上了「自尊心肥大症」。走到哪都碰壁、都卡卡，人家不願意理你，這都很正常。大貨輪卡住運河的困局不好收捨，但自尊心肥大卻一點都不難處理。關鍵點在於，捨去小我的思考途徑，改採大我觀點。改爲對方著想、爲多數人著想、爲大局著想、爲社會著想、爲全世界著想。這是有次第的，慢慢進階，一開始不用心急，舒服逐漸蛻變即可。

破解我執、自尊心肥大症、傲慢、無知迷航的方法，就是換位考慮別人，從我心自私，升級成我心體貼。這樣，你快樂、我快樂、他快樂，每一個人都因你而快樂。這是很好的大善境界，值得你我在這方面下功夫。

快樂任務：健人就是腳勤，換不同路徑走回家

重複為人帶來安全感，但當人需要的是靈感時，最快的方法，就是不重複。然而一下子把生活節奏打亂，很多人會不適應，突然叫你收拾行李去異地生活，這就不是安全感或靈感的問題了，恐怕為你帶來更多的是恐懼感。

這次任務先別玩那麼大，只讓你換條路線走回家就好。換條路回家是用最小成本擺脫千篇一律的方法，還經常能因此收穫一些額外的驚喜與樂趣。走起來、頭腦醒過來，看待人生、看待自己，視野保證會很不一樣。

06 健康維穩。吃得好睡得著動得勤心情好

把健康比喻爲一張桌子，這桌子有四條支柱，分別是「吃得好」、「睡得著」、「動得勤」和「心情好」。若這四根柱子都沒有問題，那健康可謂十分穩當。少一柱，剩三柱時，雖沒那麼穩，但也還過得去。等到剩兩柱、剩一柱時，一個小小的震動、一陣微風，都能讓桌子倒下。這也是爲什麼流感、疫病大流行時，有人會中而有人沒事的原理。

LIFE BALANCE

三缺一免驚，照樣能活得健康又快樂

四柱全能的人，現在是越來越少，光一個睡得好，全台就有五分之一的人做不到。但別洩氣，即便沒睡好，你吃好、動好、快樂活著，用這三項補強，照樣能健康到老。

從前我在西藏、印度的時候，哪像台灣吃東西這麼方便，想要吃什麼多樣化的植物性

飲食，可不是天天有。那我就病歪歪了嗎？也沒有。估計是念完經後都睡得很香，高山上沒有計程車也沒有捷運，去哪都用走的，活動量也夠大。心情好那更不用說，山上生活簡單、物欲很少，每天看好山好水，受神山加持，誰還心情差？吃不好無妨，至少我睡好、動好、心情好，所以整個人都還是好好的。

又不是要揪人打麻將，非得湊四咖。健康維持穩定，四要件齊備是我們醫生期望的理想值，衛教的時候一定要訂一個天花板在那邊。但請不要感到壓力很大，偷偷告訴你，三缺一還健健康康活著的，多著呢！

想要奇蹟發生在自己身上，心情好是關鍵

不過這四柱當中，有一柱很特別，那就是「心情好」。這柱跟人的情緒、態度、意志力、意識和靈性有關。是名副其實的「靈魂支柱」。其他三柱任缺一支我都不擔心，唯有這根靈魂支柱眞的不能少，少了它，不病還好，一病都是併發症很多的那種，特別難處理。但要是心情好這根支柱特別強大，很多神奇的事，都會發生。

講個咖啡事你就知道我在說什麼。

你認爲喝咖啡對健康如何？學界吵得沸沸揚揚，目前認爲它是健康飲料的人馬稍稍勝

出。主要理由是咖啡豆富含多種抗氧化成分與植化素，對預防老化傷害有益，研究指出，「有喝咖啡習慣的人較長壽」、「喝咖啡有助於預防第二型糖尿病和心血管疾病」。反對派當然也會做實驗，有趣的是，他們得到的結論是，「未證實咖啡與長壽之間相關。」

所以，咖啡到底？就跟世間所有東西一樣，你對它抱持怎樣的態度、怎麼使用它，它就會對你產生怎樣的影響。於是有人能善用咖啡提神，考試都考一百分，有人卻因爲沒咖啡喝而失神，產生工作上的失誤，或是喝太多心悸、夜間失眠之類的。用好的方法喝它，結果才會是好的。

LIFE BALANCE

原來，咖啡真正的營養是……

咖啡支持派裡有位學者名叫加德納（Christopher Gardner），他是史丹佛預防研究中心營養研究負責人。每天喝三杯的他，特別享受早上拿著一杯熱咖啡的感覺。這是他的早晨儀式（Morning Ritual）。我覺得加德納有說到喝咖啡爲什麼健康的重點：「咖啡爲人們帶來愉悅感（It brings people joy.）」，想想你離開辦公室去買咖啡、喝咖啡的當下，是不是放下一切、從萬事承攬中暫時逃脫出來，得到片刻寧靜、稍稍喘口氣？

我能肯定告訴你，說咖啡有營養沒錯，但哪種農作物沒有營養？咖啡眞正能帶給人的靈性養分是「好心情」。懂得利用這種好心情替健康維穩的高人，早就端杯咖啡在那裡享受了，誰還在那邊跟你糾結什麼骨質疏鬆、心悸或上癮的問題。

感覺被束縛住了嗎？別忘了，人心原本就是自由的，沒有能被上銬的靈魂，只有誤以爲它被鎖住的人。再忙，也要和自己喝杯咖啡。或是找到像咖啡這種能幫助你暫時放下、放鬆、放寬心的金鑰。

快樂任務：放慢食速，飲食有度

再營養的東西，吃太多、喝太多，也會叫身體吃不消。怎樣避免太多？去接收身體傳來的「飽訊號」。吵雜、充滿聲光色刺激的環境，都會干擾收訊，除非你已經很熟練了，否則剛開始練習時，找一個安靜舒適的環境來用餐，對你很有幫助。

再來就是和時間賽跑了。重點是，不要跑！慢慢來就好。自你開始進食後，飽訊號傳到大腦約十到二十分鐘。換句話說，若你在十分鐘內火速扒完三個便當，自己吃過量都不知道，接來下突然間覺得好睏、好撐，那都很正常。曾有一名個案自覺得了慢性疲勞，睡再多還是累，喝提神飲料也不提神，聊過之後我才發現，這人根本沒病！只是習慣性吃到撐。稍稍改變習慣，改吃慢一點、改吃少一點，學會聆聽飽訊號後，整個人立馬恢復精神，不藥而癒。

07 人家說你好、說你壞，都一樣

我很喜歡觀水。水裡面隱藏太多太多訊息，靜下心來，你會發現大自然是很好的導師，宇宙間的「道」，流水對它有很好的詮釋。

有一個常能掀起論戰的著名哲學話題，題目是：「你永遠無法踏進同一條河兩次。」有人覺得這是哲學家頭腦壞掉才講出來的硬拗屁話，但我覺得這句話百分之百沒有破綻，還把「無常」這個概念詮釋得很美。不管你踏進去的是恆河還是淡水河，所有河都是時刻在變化的。你第一次踏進去接觸到的水馬上就流走了，第二次再踏進去，水已不是原來的水，而你，也不是原本的你。老了一點點、頭髮長了一點點，雖然都只有一點點，但五分鐘前的你，跟五分鐘後的你，絕對有些不同。

這讓我想起日本的「一期一會」。一期一會用來形容茶會，特別貼切，意思是人的一生，只會有這樣一次相會。不是說同樣的人下次再約不會來，而是來的人的心境、環境的氛圍、茶湯的狀態，都不可能跟上一次一模一樣。

想著一條河、想到一期一會，有人心生惋惜，有人會更珍惜當下美好的片刻。但我覺得反過來想，更有意思。你討厭的片刻、你恐懼的片刻，以及讓你傷心、生氣的片刻，也是流走就流走了，下一次會怎樣呢？不好說。但絕對不會跟這次一模一樣。所以，有點灰心、遇到挫折的時候，不用哭，要笑！利用笑來轉化能量場與想法。「好喔，明天再試試看吧！」你永遠都可以這樣跟自己說。

LIFE BALANCE

水急不流月，月亮代表你的心

另一個跟觀水有關的體悟，是「水急不流月」或是倒裝一下說成水急不月流，也都是一樣的意思。

再湍急的水，也沖不走映照在上面的明月。明月象徵我們靜下來後的本心，湍急的水可用來比喻亂糟糟的大環境。這樣解釋你應該就明白了，「水急不流月」跟「八風吹不動」都是在說定。

翻譯成人話就是，人家說你好、說你壞，都一樣。你不用爲了別人說你什麼，而改變自己的立場。你是生來完成自己初衷的，又不是生來取悅他人的。有時難免被扣上「特立獨行」、「你這人怪怪的耶」的帽子，「你才怪，你們全家都怪」、「哥這叫鶴立雞群，你凡人你不懂啦」你心裡大可這樣幽默以對。很多哲學家頭腦超級好、見解超凡，但走到市場裡去跟凡夫述說，恐怕都還會被取笑一頓。人家不也都繼續照說不誤？否則，我們今天哪來那麼多智慧語錄。

月亮也不會因爲人家說，「啊哈哈哈，你好圓、好胖、醜死了」就變成方形的了吧！不但不會變形，月亮是愛映在哪就映在哪，海浪滔滔、水流平平，它都無所謂也無所畏。水急不流月，即便檯面上驚濤駭浪、底下又暗潮洶湧，沒關係，定定心，就能活得跟月亮一樣。因爲你的本心，本來就是這樣漂亮。

LIFE BALANCE

欣賞差異、看誰都順眼，即為大自在

我前一本書《簡單豐足》第三章附了一百種簡單養生的方法，讓大家挑看了喜歡、適合自己的來做。就算只選中一、兩條，你連續做一段時間，也是會有好事發生，像我光做洛桑瘋＋切切切，一年就精實了六公斤。

爲什麼要寫一百條這麼多？因爲我發現每個人都不一樣，長處不一樣、短處也不一樣。有人很會走、有人很會吃、有人愛睡覺、有人頭腦特別聰明，所以我覺得，寒熱虛實、風型人火型人，保養的方法也該有所不同，於是嘮嘮叨叨寫了這麼多。

同樣的道理，天底下萬萬人，像是植物園裡的各種美麗植物，我跟你不一樣、你跟他又不一樣，那都很正常。有人從本心要開出的是紫藤花，有人在冷涼乾爽的地方孕育出薰衣草，當然還有玫瑰、茉莉、山茶花……需要的養分、成長契機都不一樣。所以你不會聽到蓮花去跟多肉植物說，啊，你家太乾了，水要多一點。夜裡的曇花也不會去笑向日葵說，這麼愛晒太陽，你是有病喔！

遇到那種對自己的人生沒有想法，卻對他人的人生意見很多的人，一句「水急不流月」送他。不管流水要慢慢流、快快流，都沒差，月亮還是那個原本的月亮，一樣漂亮。期盼看見你活出自己喜歡的樣子！最美麗的樣子。

快樂任務：細思量「他人之惡，不上我心」

人家對你做了一件好事，你自然心懷感激。但若對你做了一件壞事，難不成要把他抓來打一頓？不用！力氣省下來，還有很多別的好玩的事情可以做。

我們西藏人說：「人家罵你，就好像在幫你念經。」這有兩層意義，第一，罵人的內容反正都不好聽，根本沒必要去認真聽，就當有人在旁邊念經就好。第二層意義是說，如果本身有一些不好的業隨身，被罵一罵，反而能清淨這些業，消災解厄。

遇上他人之餓，你大可大方分享美食，去解決這個餓，這是累積福澤的好事情。不過要是遇上他人之惡，少花心思去應對、去戰、去回嘴，才是明智。

08 把時間和機會留給對的人

人若情緒很糟、煩惱源源不斷冒出來，該怎麼解決呢？我的快樂處方是：重新去分配你的精力和時間。別浪費一秒鐘去想你討厭的人和你討厭的事！

如果你發現自己「做什麼事都提不起勁」的時候，別急著責怪自己不夠積極。因爲，這不一定是自己的問題，很可能是你選擇的那些事、你所接觸的那些人，有問題。

絕大多數的人的一生，時間都是有限的。由於有限，更突顯了選擇的重要性。

西藏的出家人很早就意識到了這一點，我年幼入佛寺學習時，很少聽到誰抱怨誰、誰覺得誰很討厭。根本不會有這樣的討論。只有讀經、辯經的時間，沒有討厭人的時間。

LIFE BALANCE

別讓討厭的人偷走你的時間

埋怨會擴散、會傳染，比病毒還可怕。而經常自怨自艾則像是把情緒小雪花滾成雪球，自己一顆心時時被大雪球壓著，又如何能痛快？自然做什麼都很厭煩、快樂不起來。

順帶一提，你心裡若常常想著某個討厭的人、討厭的事，很有可能你就讓壓力賀爾蒙皮質醇（Cortisol）分泌過度旺盛，如此一來，它就成了「死亡荷爾蒙」，破壞你的血管，也令人更快進入衰老進程。

把時間和機會留給對的人事物。有句廣告台詞是這麼說的，「生命就該浪費在美好的事物上。」我認爲說得太好了。因爲人的時間有限，因此你花十分鐘去想、去抱怨你所討厭的，相對你的生命就少了十分鐘，去想、去欣賞那些好的、値得促成的。把時間蒐集蒐集，你就有足夠的時間去觀賞一齣精采、充滿啟發性的舞台劇，而不是把時間消磨在一些負面、淺薄、不眞實的網路訊息上。好好做出選擇，選得好，你就能經常擁有高品質的體驗與快樂。

傻瓜才把妖怪扛上肩，任他自來去

多多想些快樂的事，你將更快樂、更輕盈。常常把煩惱的妖怪扛在肩上，你的人生道路將越走越沉重、越無力。要小心的是，物以類聚，快樂的事會揪團一起來，而煩惱的事，也會。

有意識去把時間和機會，留給値得的人事物。從心的源頭，養成易快樂體質，活得幸福又健康，我希望你每天都能這樣。

快樂任務：利用社群媒體，分享一則有意義的訊息

維護世界和平快樂，有錢可以去捐款、有力可以當志工。至於有慧眼、有智慧的人呢？還可以採取分享知識這個途徑。自己產出、自己研發、自己寫的，或是看見別人寫的好文、拍的好影片，你轉傳分享出去，也算是好事一樁。不過需要辨識訊息真偽，假的那種還傳，就屬於好心做錯事了。判斷能力要經常訓練。

有意義的訊息除了新知，其他像是環境保育、人權發展、急難救助與促進公眾利益有關的內容，也適合廣發。或許你剛好沒時間參加淨灘，但你把活動資訊分享出去，搞不好你有朋友看到剛好有空就去幫忙了。幫人行善，是為大善！

09 將苦難熬成一鍋湯

東方醫學包含藏醫、中醫，對「藥」的看法較為宏觀、靈活。不一定要裝在膠囊裡、能打進身體裡的那種才叫做藥。礦石可以是藥、雨水可以是藥，薰香、花草茶、一碗粥、芳香植物，甚至非物質的音波、熱能，又或者是一句金玉良言，只要能對症、合人、合宜合時，它都可以是藥。

這世界上沒有什麼不是「藥」，就連悲慘的過去，也能變成良藥、補藥。

如果你去跟一個困頓的人聊天，你會發現他三五句話離不開「衰」。各種發生在他身上的事，他都能找出人來責怪，彷彿全世界都虧待他、占他便宜，對他不軌不義不關心也不公平。倘若你去和一個豐足的人聊天，你會發覺他幽默又大器，對人事物的描述，都隱藏了感謝之意在其中。即便糟心事接連上門，他都能找到其中的黃金、養分，彷彿全天下萬事萬物萬萬人都為了促成他而來，愛他教他訓練他成全他。

LIFE BALANCE

又不是機器人，走上坡哪有不累的？

我常常叫人練肌肉練肌肉的，重量訓練太簡單、有氧訓練太輕鬆，那根本起不了太大作用、什麼肌肉都長不出來。搞不好運動餓了再去大吃一頓，吃的還比消耗的多，「別人運動長肌肉，我運動怎麼就變成了長脂肪？」操的不夠兇、強度太弱又報復性吃太多的關係。

其實整個世界，都是你的身心靈健身房。有時候練的是身體，有時候考驗的是心。時不時都要讓自己被操一操，挑戰高一級難度，隨之而來的成就感，不但讓人快樂，還對維持健康活力很有益處。就好比用自然生態養殖法養的蝦蝦，跟魚養在一起，每天被魚追，個個身強體壯，還不用吃藥。

如果你覺得目前的處境有點辛苦有點難，那麼恭喜你！這表示你正在經歷蛻變、正在走上坡。爬坡會累會喘，那都很正常嘛！能勞動是福、能工作是福、能為人提供各種貼心服務與好點子，也都是福。好手好腳好腦袋，都是下了好一番功夫練出來的。你不怕苦，苦就怕你！因為你把種種苦，都變成了補。哪天回頭看看從前的自己，沒想到現在居然變得那麼厲害，這就是全宇宙聯合起來送你的禮物。

心裡的念想亦毒亦藥，請小心使用

把「悲慘過去」變成毒藥的，是自己。而提煉「悲慘過去」成爲補藥的，也是自己。再難再辛苦，若度過了就成爲故事，將來能在兒孫面前自豪說嘴。若投降放棄，那就成了事故，悲慘氛圍將一生尾隨，晚上作惡夢還會夢到。

最怕不是貴族卻要處處彰顯自己的金貴、不是公主卻一身公主病，哀著哀著，本來沒病都被哀出一身病來。英國醫學期刊《柳葉刀》曾刊載過類似的案例，將那些幻想自己有病，假病、裝虛弱，甚至主動殘害自己以博得他人同情的人，歸納爲孟喬森症候群（Munchausen syndrome）。當然，這是最極端的狀況，但卻也是另類的心想事成教材。

僅僅是觀想自己的肌肉很有力，便足以讓人在舉重測試中，成績進步百分之十三。反之亦然。常常想著自己很弱很虛，這不行做、那幹不了，那也還就會眞的不斷虛弱下去。每一個念頭都會在人身上發揮影響力，因此我希望你能從有力、能幹、勤勞、我可以、我能夠、我好棒棒這方面去想。別低估自己、太早棄械投降。當人勇敢接下戰帖、爲有意義的事情去拼一拼的時候，神奇的事情發生了，你離開舒適圈，卻開始眞正過上了舒適快樂又健康的好日子，縱使有再多苦，也都被你熬成了一鍋好湯。

快樂任務：走一段上坡路，到高處欣賞風景

在大樓裡爬樓梯到頂樓也行。去感受一下有點喘、腿痠、累累的感覺，體驗不容易和辛苦。接著從高處欣賞風景，享受一下緊繃肌肉得到舒緩、呼吸逐漸順暢、風吹來很涼爽、視野開闊等美好的感覺。這是先苦後樂的訓練。心裡苦，又樂不起來的時候，請執行這項任務。藉此提醒自己：所有苦，它都是有意義的，並且，它不會永遠存在。

10 你可以不用生病

有件事很重要，希望你能理解，所謂人生必經歷程「生老病死」四階段，其中生、老、死無可避免一定會發生，不過，受病痛折磨這個步驟，卻能跳過。

生病不是必然，痛苦也能免除，只要你願意開啟智慧去觀察、去學習、去處理、去升級。當你寫完功課、體驗完此生所勾選的所有體驗後，你可以選擇在睡夢中微笑著登出、優雅坐脫立亡，或是化爲虹光離開，而不是在痛苦中辭世。在西藏，誰誰誰家的師父修成了虹光身，像這樣的事，我們常常能聽到。老人不等於病人，也沒有說人一定非得生病不可，沒有那樣的事情。

唐代名醫孫思邈兒時本是個體弱多病的藥罐子，透過不斷學習、提升智慧，不僅健康活過百歲，還爲後世留下許多很好的養生法。比方說髮常梳、頭常搖、目常運……這些我自己都常常做。

LIFE BALANCE

開智慧參透先機，提前作準備

不管是修練傳奇虹光身，還是在不失能不臥床腿腳有力的狀況下健康衰老，都有一個很重要的前提：開始使用智慧。智慧，是能帶給人健康富足的好東西。智慧如寶劍，不僅越用越有力，也越磨越鋒利。它同時也是斬斷諸多煩惱的唯一利器。都說「一流的人不會生病」，還眞的是這樣。確切來說，一流之人也是血肉之軀並非天生神力百毒不侵。但比起一般人，他們更懂得預防、更了解人的身心靈構造。

一流的人有獨立思考的智慧，因爲很喜歡觀察的緣故，來龍去脈知道的特別清楚，預防工作也做得很確實。當病毒、細菌大流行的時候戴口罩、勤洗手、常漱口、避免觸摸眼口鼻，把大部分的病原微生物阻擋在外，而眞正能近身的那一小部分，剛好讓自己的免疫部隊練練手。遇到同樣的病毒、同樣的環境汙染、同樣的季節轉換溫差大，稀里糊塗過日子的人，生病或不生病，像擲骰子一般隨機，所以他們總愛說「世事難料」。

但有使用智慧的人就不一樣，他們不但春江水暖鴨先知，經常能洞察先機，還把每一次困境，都當成學習與向上提升的契機，肌肉、腦筋都是用進廢退，而智慧也是一樣。當智慧升等至某一個層級時，痛苦將變得很少，病魔也與你無緣。你將會在一個舒適、自在、安心、富足、什麼都不缺的狀態下，繼續學習、繼續提高靈性的維度。不過啊，要怎樣知道自己是在使用自以爲的小聰明，還是眞的開了大智慧呢？請繼續看下去。

告別小聰明，迎接大智慧

舉個蔬菜的例子。因爲怕農藥，所以沒貼「無毒」、「有機」貼紙的，就都不敢買、蔬菜都不用吃了？知道農藥過量對身體不好，這只是聰明。但知道怎樣可以不傷害到身體又吃進蔬菜的營養，這就是智慧了。其實台灣農產品相對很安全，蔬果上的水溶性農藥以小小活水沖洗十到十五分鐘，基本上很難對人體造成傷害。此外，你還可以：

◎吃當令的農作物。
◎多種食材輪替吃。
◎挑本身抗病蟲害能力強的。
◎選能剝去外葉、可削皮的。
◎先洗再切，別切好了才洗。

避開農藥保護自己的方法有很多，我只是先列舉出其中幾種而已。不管活到幾歲，人都不應該放棄學習，舉凡判斷是非的能力、增廣見聞的能力、替自己找活路的能力，以及照護他人的能力，都要不斷精進。「人可以不用生病」光喊出來、光相信沒用，該學該會該知道該改進的，還是得靠聽聞、思考、化爲行動這三步驟，來保養自己。

最怕自己不學只聽鄰居亂亂說，也怕一知半解的小聰明反而傷害到身體，比方說過度擔心基改、吃到一點炸雞排就憂心忡忡、誤以爲疫苗是葷的所以不敢打、嚇到這不敢吃那不敢吃……讓人路越走越窄、生活處處充滿侷限的這種叫小聰明。這也有辦法那樣也行，讓人路越走越寬、心越來越自在的，才是大智慧。兩者之間的差異，要能分辨清楚。小聰明常常跟疲勞、抗拒、厭倦、不信任、侷限、固執、病態有所連結，大智慧則跟熱情、活力、希望、喜悅、擁有力量、懂得技巧、安全、接納自我、肯定他人等概念站在同一邊。

人在江湖走跳，當覺得煩惱、痛苦、困頓時，剛好趁機自我檢視一番，看看自己是否「聰明反被聰明誤」。自以爲都懂，但其實只是半瓶水而已？若是這樣也無須懊悔，要慶幸還好發現得早，立即修正即可，開啟心中內建的智慧導航，這時候，你會「看」見兩條路，一條是讓你越走越自在越舒坦的明路，一條是令你越走越不健康越不安越困乏的暗路，用心去體會、用心去看，你一定能認出通往健康的那條，替自己做出較佳的選擇。

快樂任務：認真執行一個適合自己的健康守則

可以是戒菸、品酒不拼酒、少吃一餐、一週運動三次、每天喝水三千毫升……若無靈感，不妨翻閱我上一本書《簡單豐足》，從第三章「一百個樸實無華的高投報養生好點子」中，挑喜歡的來做。自律宛如修剪盆花，它將你最美的樣子，顯化出來。有所為、有所不為，人真的可以不用生病！

11 煩惱不過是虛擬雜草

曾有個女孩子詢問開悟者說：「我每天都煩惱到睡不著，究竟該如何是好？請大師開示。」開悟者神回，煩惱，那原本就是沒有的東西，「可以解決的事情，妳就不用煩惱，不能處理的事情，妳煩惱也沒有用，所以還是沒有煩惱。呵呵。」

在我們西藏人觀念中，所謂「不能處理的事」，其實並非眞的不能處理，而是處理的機緣、時機尚未成熟，可以再等看看，用不著心急，也沒有人會急。西藏人心裡是這麼想的：幹嘛要跟自己過不去、自找苦吃，等的時候自然是寬心以待，沒必要用煩惱心來等待。在高原上，冬季很長，下雪的時候光出門我都嫌麻煩，許多事被迫暫緩，等春暖、等花開，一季漫長的等待，煮奶茶、和家人聚在一起，這是很美好的等待時光，慢慢品嘗都來不及，誰又會想要急著把它過完？在我們隔壁的新疆，同樣也是因爲天候的關係，有些工作只能做半年，接著休半年，等待的時光，輪流到不同朋友家裡升炭火吃烤羊肉串、喝伊力老窖取暖，沒工作這大半年，小日子過得那是十分愜意啊！

以前我養過一隻柴犬叫阿福。他也很會等。等看看有沒有好吃的，等看看有沒有得出去玩，等著上美容院洗香香，等著貨運送包裹來時吼兩聲。有時等太久了索性就先睡一下，或自己找樂子玩去。等來什麼，阿福當下就做什麼，並不會預先煩惱起來放。所以牠老是笑，表情特別豐富，我覺得他是全世界最有福氣的狗狗。

LIFE BALANCE

「太」字拿掉，剛剛好讓人多活幾年

不是叫你把太太拿去丟掉喔！而是把太超過的那些，放下一些。讓好日子過得剛剛好、恰如其分這樣。

人有時候就是記性太好、太聰明、太拚命、太看重得失、太在意名聲、太會杞人憂天、太常自己嚇自己……，你知道嗎？有人生病卻不是病死的，而是道聽塗說太害怕被自己給嚇死的。也有人身體原本好好的沒事，一去醫院、看到醫生太緊張，血壓怎麼量都超標，患上了「白袍高血壓」。常常「太」怎麼樣，健康的人會生病，而已經生病的人會不容易痊癒。預防做在前頭，請試著把這些「太」怎麼樣的，給稍微減掉一點，讓自己回歸平衡，生活過得舒心寫意一些。

尤其有一種狀況最要注意，那就是將偏執的自我、自私的自我無限放大，大到遮蔽住身邊正在發生的種種好事情，全都看不到，徹底成爲一個煩惱很多、思緒很亂、老是瞎忙一通的人。以爲自己累得跟狗一樣？沒有喔，很可能連狗都過得比你還爽！

嗯哼，才不能輸給一條狗呢！

LIFE BALANCE

維護心之花園，靜心整地淨心除草

我常常在練習靜心淨心。人心宛如花園，你若不去管它，什麼亂七八糟的都有可能長出來。長出煩惱藤蔓、長出憂鬱荊棘、長出怨懟毒草、長出恐懼迷幻香菇。不要緊，這些都屬於虛擬雜草，你可以觀想一台除草機，把它們稍微修剪一下。西藏人很多喜歡觀想火，從心中或額頭升起智慧之火，把雜草雜念燒一燒，也是很可以。

整地整好了，接著要來播種。種什麼呢？種下慈悲、容忍、無私、大器、果決、勇敢、公正、喜悅與和平之花。很有可能雜草除完之後，你會發現有些花其實你老早就種過了，但因爲沒照顧而枯死了，或被雜草遮住所以沒看到、沒長好。不要緊，再一次把善意之花好好養大。常常整理心之花園，當下，你便抵達快樂寧靜又溫暖的幸福彼岸。

快樂任務：晒剛剛好的太陽

女孩子怕晒黑？幹嘛怕，大可理直氣壯說：「誰跟你一白遮三醜？我又不用。」是的，你夠美了，心美的人不必怕晒黑。沐浴陽光，這是利大於弊的好事情，至少有三好，一強化健康，二預防疾病，三令心情大好。

不知道你看到此書時是冬天還是夏天，也不知道你住在高緯度還是接近赤道，反正現在全球氣候變遷，太陽毒辣還是和煦也沒個準。總之，若天氣晴朗，在不晒傷的前提下，請記得一定要接觸陽光，不要都不晒，也不要晒到紅通通，剛剛好就好。皮膚紅腫熱痛就是晒太超過的前兆。此外，眼睛倒是可以戴上太陽眼鏡保護一下，降低罹患白內障風險。

12 快樂的人，出門帶三隻獅

朋友教我講台語。獅子的獅跟東西南北的西，都念成「腮」。然後西藏在西邊，而我們最愛的神獸、文殊菩薩的坐騎，剛好又是獅子，這樣連結起來、在心裡把剛學到的東西圖像化，就很容易記憶。我新學到的是這兩句。「趣味的人出門帶三隻獅：看東看西、呷（吃）東呷西、買東買西；無趣的人出門嘛帶三隻獅：嫌東嫌西、怨東怨西、罵東罵西。」

有玩心、好奇心與幽默感的人，去到哪都很愉快。攻百岳走山路走到腳起水泡，成了光榮的印記。到離島遇上颱風，飛機不飛、渡船不開，被「關島」，心裡暗自慶幸又多賺到兩天假期。

而以自我爲中心、凡事都要以自己爲優先的人，去到哪都是折磨。大家開開心心排隊期待著冰火波蘿包出爐，愛折磨自己的人卻選擇在那邊感受著天氣熱、腳又痠、蚊子還很多。懂得體驗人生的人，高高興興乘馬車行經顚簸的中古世紀石頭街區，想像自己是貴族，而愛折磨自己的人卻寧可在那邊哀爸叫母「唉呀，路怎麼那麼爛。」「眞是花錢找罪受。」「我快要吐了。」「爲什麼沒有幫我準備暈車藥。」「爲什麼車上沒有冷氣？」馬車最好是能裝冷氣啦！出門在外，旅伴要是這種愛碎碎念的，倒不如一個人出遊還比較清靜自在。

少怨多樂，健康力跳級成長

我認爲把時間花在嫌棄、抱怨和謾罵上的人，實在很虧。好不容易才來地球一趟，此生壽命有限，時間用在體驗、快樂和學習修行上，才不算浪費。

人生中出現大大小小的煩惱與痛苦，常令人忍不住哀嘆兩聲。但事實上，可能還不止兩聲。根據學者統計，從不曾練習靜心淨心的人，一天抱怨的次數大約會有十五次到三十次那麼多。還眞不少耶。學預防醫學，喚醒自覺很重要。病莫病於無常，唏里糊塗生病實在有夠哀。想避免這樣的狀況，可從減少哀嘆聲開始練習，「啊，我又嘆氣了。」「啊，我又罵人了。」先自覺、後修正，每天每天都可以這樣練習。覺察力練起來，身體有小狀況你能很快發現、心靈被烏雲壟罩你能很快處理，怒氣上頭將要一發不可收拾前，你能先冷靜六秒控制住局面，這些，都是覺察力在發揮作用。不想被什麼牽著鼻子走，請拿回對自己生命的主控權，人在江湖走，覺察力要有！

某一天，我突然悟到所謂的煩惱與痛苦，都不是設計來折磨人的，更像是一種響鈴提示，提醒自己該修煉、該準備升級，別再蹉跎光陰，平白把時間浪費掉。苦，它只是一種無形的感覺，它不是一顆具體的石頭。腎臟、輸尿管裡有結石，就近找家醫院讓醫生幫你震碎排出來就好，一樣很難受的，心裡有塊大石頭放不下，心之碎石術可不是所有醫生都會，但你要自己學。同樣的，自覺是第一步。

獅獅有兩種，愛亂吼的跟勇猛精進的

若覺察到自己的人生似乎有點苦，恭喜，你已經獲得升級的入場券。但要眞正往上晉升一級，接下來就靠修習「心之碎石術」了。怎麼修呢？請盡情使用那些令你痛苦的情境來修，學會苦中作樂、欣賞苦、轉化苦、好好體驗一下苦並快樂著的感覺，去思維眾人跟你一樣都不喜歡苦，因此不該強加痛苦在他人身上這件事。若在很糟糕很糟糕的狀況下你還能笑得出來、幽默以對、優雅以對，那表示你修得很到位。快樂苦中求，從苦裡生出的快樂，這是很高層次的快樂、很有同理心的快樂，跟單純的享樂、滿足欲望的那種宴飲之樂，很不一樣。

試著馴化內心裡那頭獅子，讓牠從抱怨不滿之獅升級爲文殊菩薩的智慧感恩之獅。升級之後，你將發現來到地球的這趟旅行，實在是太有意思了。從此，只剩下快樂的時間，沒有抱怨的時間。

快樂任務：練習失敗時內在歸因，成功時外部歸因

沒有練習前，大部分人成功時，傾向將榮耀歸功自己，而在失敗的時候，傾向將錯誤歸咎他人。的確，這樣做比較輕鬆，但對有心進化自己的人來說，這種作法根本很瞎。

這回快樂任務有甲、乙兩個子任務。

甲任務：回想一個曾經出錯或令你不悅的事件，自己可以如何在其中扮演更好的角色。自己有沒有可以改進的地方？有沒有什麼是可以事先避免的？

乙任務：回想一個曾經大成功或令你驕傲的成就，是有哪些人為你提供了怎樣的幫助，才讓你能有今天。

這次任務對於提升覺察力跟降伏傲慢心都很有幫助，請認真練習。

13 念念不「妄」，杯水成甘露

念頭是一種比火箭還快的東西。人可以一秒神遊火星，換坐太空船，得花上好幾個月才到得了。快思快想，人一天究竟能有多少念想呢？加拿大皇后大學認知神經學專家喬登·波彭克（Jordan Poppenk）計算出人一天約有六千兩百個念頭在腦海中潮起潮落。另有人說六、七萬個，甚至八億四千個，總之，就是很多的意思。

念頭特別多的那些，要嘛是躁症，要嘛就是大師，差別在於，這數以千計、萬計的念頭中，有多少能對世界、對自己，產生良善的影響。要是都是些糟糕透頂的念頭在腦海中流竄，不受控、不合理又沒有邏輯，那就要很小心，因為這很可能引發一連串的健康問題，或衝動或消極或厭世，壓力倍增、體重飆升、睡眠減少、慣性頭痛或心血管受不了，都有可能發生。

所以有人開始修習「一念代萬念」，用一個好的念頭，代替千千萬萬個不受控的念頭。靜坐、觀想、讀經、持咒、念佛號、祈禱、祈福，都有這樣的功效。能掌控好念頭生成，氣會順、血壓會穩定、荷爾蒙不會亂分泌，整個人都會感到非常舒服。

LIFE BALANCE

掌控念頭生成不是叫你忍，要用轉的

簡單講一下什麼是妄念。妄念、雜念都屬於記憶體中的垃圾訊息，比方說杞人憂天式的憂慮、草木皆兵式的疑神疑鬼、於事無補的悔恨、對眞相理解錯誤而產生的怨懟等等都算是。一種垃圾，它有千萬種面貌。

忍住不去想它，有多難？超級難！

所以不要忍，改用轉的。把那些耽誤你的、看似沒用的念頭們，轉個性，讓它們轉而爲你服務。我一直很喜歡經書上的一個比喻。同樣一杯水，天人來看是能治癒疾病的甘露、凡人來看它就是一杯水、惡鬼來看卻以爲是膿血。水就是H_2O，由氫跟氧組成的這種東西，本質上不會變，但你的看法，能決定它的性質、決定它的用途、決定它對你的影響。

怎樣讓尋常的水在你身上發揮甘露的效用呢？每天喝三千毫升的開水，溫熱尤佳，小口小口啜飲，太陽下山前喝八、九成，剩下的量晚上、睡前喝。夏天流汗要多喝水能理解，但爲什麼冬天我也叫你喝呢？因爲要避免「血液濃稠」的問題。你交感神經太旺、緊張、很忙、壓力大、作息很糟糕、吃的不理想、常常生氣，血液品質都不會太好。怕說冬天衣服穿得多，跑廁所不方便，而減少喝水，血液變稠、循環就變差，睡到下半夜血液又更稠了，冰凍的早晨猛然一醒來，血管猛一收縮，就中風了、就塞住了。冬季早晨好發的心血管疾病，就是這樣來的。

人若糟蹋身體、不給他足夠的好水，以後就換身體來糟蹋你，讓你嘗盡種種不舒服與不方便。藉口說水很難喝、沒味道不如喝飲料，就是錯把救命甘露當成是膿血了。如果是這樣，念頭得轉一轉。

墊腳石絆腳石，其實都同一塊石頭

水是同一杯水。石頭，也是同一塊石頭。遇到墊腳石，錯看為絆腳石，跌了一跤，還罵那石頭。這樣豈不是很傻？

萬一在人生的道路上跌倒了怎麼辦？再爬起來就好？等等，別急著站起來，還要先看看地上有沒有寶物，撿好了再慢慢起來就可以了。一下子能認出墊腳石的你，是神人，你就踩著它登峰造極去吧！而認錯石頭被絆了一跤，卻能把地上零錢撿起來的是高人，也算是很有福氣。最慘就是絆倒了只會坐在那邊哭，還要等人家來哄你，這就是呆人。拜託，千萬別當那呆人。

我常勸慰病人，不要哭，要笑，笑著笑著，幸福就來了。念念不虛妄、念念良善美妙，你就是快樂與希望的載體。

快樂任務：將水景帶入日常生活中

水色收斂，無論是傍青山的綠水，還是與天同色的蔚藍海洋，眼見藍、綠兩色，都能為人帶來寧靜與撫慰。尤其心情特別躁動不安、妄念紛飛之時，善用收斂色靜心，是很雅致的做法。

直接去看海、觀賞清溪飛瀑湧泉當然是最讚的，但要工作沒辦法天天玩，權宜做法，你也能親手描繪海洋、把電腦桌面底圖換成海景、把美麗宜人的河川風景明信片放在辦公桌上、布置一盆流水造景、穿海洋圖案的衣裙……請自由發揮創意。享受水景無須拘泥、隨人歡喜。

14 別怕自己不夠強，夠軟才好

「我一定要當一個好老闆、好媳婦、好媽媽。」「沒搶到獨家怎麼行。」「只有金牌才是牌。」「為你，我心永遠執著。」「非贏不可。」……以上，我們西藏人比較不會這麼說。相反的，我們常常「認輸」。你以為我們祖先是吃飽太閒才趕著犛牛滿山跑來跑去？當然不是。從前在高原上，天寒地凍不得不向大自然低頭，哪裡有草哪裡吃飽去，避冬要緊。凍傻了才會在那邊我心執著不肯走。

記得我師父曾告訴我，人活到最後，其實不剩什麼，連一件衣服都帶不走。只有智慧、福澤是繼續記在帳上的。仔細看看，現在大部分人爭的東西，搞得自己忙得要命、氣噗噗、身體出狀況的那些東西，都是帶不走的。福澤與智慧，反而沒多少人在意。

LIFE BALANCE

問世間自尊心為何物？直叫人生死糾纏

還有一個很麻煩的自尊心問題，傾向要求人家「你得尊重我」，接著發展下去就變成

「你都沒有尊重我」，然後就是各種吵、各種鬧，各種八點檔的劇情搬到現實生活上演。今天如果有人尊重你，別沾沾自喜，因爲優秀的不是你，是他！

被小鳥踩在頭上都不在意、身段柔軟得像根蘆葦一般的人，其實才是眞正的強者。眞正的強者不用到處跟人家要，而要強的人，骨子裡其實都不怎麼強。理解到這一點，你的同理心跟慈悲心就已經亮了。

剛不一定能克剛，大部分時候都會硬碰硬兩敗俱傷，除非你是鑽石、是金剛石。不過柔卻一定能克剛，就連最柔弱的水滴，都能穿石。看好時機、轉個方向、能順勢做好的事，用不著每次都正面對決、搞得那麼轟動。訓練心的柔軟度，像蘆葦一樣、像水一樣，那你就會有許多方法，把自己從糾結、困局中，給解放出來。

LIFE BALANCE

若心裡要強難解，請先將身體放軟

培養柔軟心，馴化執著、剛硬、要強的心，宜練習伸展類動作。

肝主筋，在台灣調筋養肝四季皆宜，春季鍛鍊效果尤佳。有學過能轉易筋骨氣功的人，不妨繼續認眞練習。或是你學瑜伽、皮拉提斯也都很好。令筋骨肌肉變柔軟、更具彈性，不僅人心會跟著柔和、溫暖起來，生命能量也能在你體內，毫無窒礙順暢流動著。

瑜伽之所以被視爲能促進身心靈合一的運動，其中一個關鍵要素，就是它能釋放卡在肌肉裡的種種惡劣情緒，透過回正身體的方法，重整心靈。這就好比我們去種菜，不是去種那個菜本身，而是透過改善土壤、澆水種種作爲，讓菜自己長好。直接治癒無形的心靈，有練過的大師能夠辦到，但一般人透過調整身體，間接療癒心靈，也能收到一定的成效。

至於源於德國的皮拉提斯，它被運用在物理治療上，更是幫醫生解決了許多難題。無論是受傷的士兵、肌少者、舞蹈家或運動國手，皆能從中受益。請找合眼緣的教練學習。趁年輕把核心肌群練起來，減少身體受傷的機會，你全身的關節都會感謝你。

最後還是要提醒一下，請掌握「平衡」、「適量」原則。凡事太要強的人，請放軟一些。去除對自我的執著，才有快樂的本錢。調整肌筋膜很好，但請想想橡皮筋，拉筋可別拉到筋都鬆了，一天泡健身房九小時這樣，上班都沒有那麼認眞。有些太太瑜伽練得勤，力求動作完美標準，在肌肉尚未充分鍛鍊前，就挑戰高難度倒立動作，把頸椎給傷了，還得休養好一陣子，得不償失。

太過與不及，都容易讓自己受傷。剛剛好，就很好。

快樂任務：買一個滾筒幫自己按摩放鬆

利用滾筒（Foam Roller）舒緩肌筋膜緊繃在國外已經流行了好一陣子。無論你是坐辦公室坐到腰痠背痛，還是運動、勞動、久站太累導致腿部肌肉緊繃，拿滾筒滾滾痠痛的各部位共約二十分鐘，即能達到很不錯的放鬆效果。

雖然花錢請按摩師傅、運動治療師針對目標肌群調理，是件非常享受的事，但礙於時間地點和預算上的限制，恐怕不是每回都能找人代勞。在家備一個滾筒，全家人都能使用，疲勞恢復不求人，經濟又便利。運動前後、睡前，都能滾，比起單純坐著躺著休息，使用滾筒放鬆效果更佳。部位方面，背部、臀部、大腿、小腿，都適合。上YouTube 輸入關鍵字「滾筒」即能搜尋到教學影片，或請專業健身教練協助練習，先求安全不受傷，再講究效果。

15 更快樂有妙招，先讓別人快樂

宇宙有個法則，就是你想要什麼，請先讓他人得到。想要賺錢，就先讓他人賺錢；想要健康，就先幫他人獲得健康，一樣的，想要快樂，最好就是先讓他人快樂。並不是說人沒辦法自得其樂、自娛自樂，而是你若給出去一個好的善意，那善意，會加倍奉還回到自己身上，我認為這是相當划算的一件事情。

試想，你烤餅乾給自己吃所得到的快樂，能維持多久呢？當下五分鐘、一整天？心理學家隆博米爾斯基（Sonja Lyubomirsky）邀集一票人一天做五件平常不會做的善行。比如捐血、幫人解決問題、奉獻時間給某機構，其中有人就選擇了烘焙糕餅分送鄰居。利他行為無論大小，許多利他者除了當下感到幸福外，這份幸福快樂的感覺，還能持續一整個星期。

在美國開設課程教學生如何快樂的哈佛大學組織行為學博士塔爾・班夏哈（Tal Ben-Shahar）解釋了人為何願意慷慨解囊：「幫助別人就活得越快樂，而活得越快樂的人也越愛幫助別人。」就這樣，形成了一個快樂無比的良性循環。

獨樂樂不如眾樂樂，呷好到相報

台灣四面環海，賞鯨、聽海、潛水、踏浪、在沙灘上散步，大家或多或少都有經驗。然而再尋常不過的岬灣、珊瑚礁，對於來自高山的我，都是相當稀奇的景色。西藏最大的水域，就只有高山湖泊，再怎樣都看得到邊，海天一色、夕陽入海是什麼樣的呢？很多人一生不曾見過。

回想我離開家鄉，第一次看到海的時候，簡直驚呆，覺得新奇又開心。站在海邊莫名很感動，看了好久好久。台語有句話說「呷好到相報」，自己覺得不錯的，記得要和他人分享。所以，趁一次來台探親的機會，我帶著老媽和弟弟去了趟野柳。很神奇的看著她們驚呆、讚嘆不已的樣子，我竟比自己當初看到海時還要開心。從那時候我就發現，「想要快樂，最好先讓別人快樂。」這個快樂的強度，是很有持續性的，即便事隔多年，只要回憶起跟家人一起看海的那一天，我仍舊覺得十分幸福。

挑戰一生不吵架，將祥和氛圍擴散出去

同事私下給我取了個綽號叫「佛祖臉」。若看起來能像是佛祖一樣慈眉善目，我也是

深感榮幸。不過另一方面，也要感謝我的父母。不是說我老爸特別帥、我媽特別美，所以我也長得不差這樣。而是他們倆，從來不曾吵過架，彼此對彼此，沒說過一句難聽的話，彼此對彼此，只有感謝。

在這種祥和家庭氛圍中長大的我，想要有什麼暴戾之氣，那也是很難。雖然我自小離家求學、跟家人相處的時間不算長，但待人以慈，自然祥和自在的狀態，已完全內化。以前輪班照顧重症病患，同事們都覺得很神奇，「只要是洛桑醫師値班，好像病人狀況都比較穩定，不會突然『挫』起來。」想不到我身上、來源於我父母的祥和之氣，還有這樣的好處。相信你今天如果願意當個祥和之人，以慈心、感恩心爲彼此贏得快樂與自在，那麼，不只是你和對方受益，這祥和之氣，還能持續擴散出去、造福更多人。

前陣子我遇到一個跟太太吵架吵很兇的先生，突然身體一下子變得虛弱，整天沒食慾，隨便吃一點東西，胃就受不了，反而比不吃更難受。人的胃，可說是人全身上下最「貼心」的一個器官。心裡有點什麼，胃立馬出現反應。很生氣的時候，光是氣都氣飽了，即便有人捧著山珍海味來討好，胃也不願意吃。很緊張的時候，胃裡好像有蝴蝶亂飛，更嚴重一點的，痙攣、發炎、潰瘍，也都是有的。其實，你可以這樣想：縱使對方的缺點如繁星那麼多，但只要他有一個優點如太陽般耀眼，那星星不就都看不見了嗎？用心去找出那個太陽吧！對彼此，別說難聽的話，保持感謝的心情與人相處，先不管祥和之氣將如何擴散出去，至少，自己的胃會先舒服許多。

◎想快樂，先讓人快樂。

◎沒有怨言，只有感恩。

把這兩句話放在心裡，它們會像護身符一樣時刻護你周全。許你一個安然無恙、歡喜自在的豐足人生。

快樂任務：選擇一個與你最親近的對象，找出他最大的優點

用肉眼來看，特別是跟你最親近的那個，你很容易就看到他身上的劣根性。但所謂「劣根性」不一定真的很頑劣很惡劣，很可能只是他與你不同的地方，你難以認同這樣。

改用慧眼來看吧！你之所以跟他能如此靠近，不是沒有原因的，去找出那個如陽光般耀眼的佛性，或許是善良、是體貼、是幽默、是樂於助人，還是有韌性、無比純真？找到一個太陽，縱使他缺點如繁星那麼多，也就沒什麼好介意的了。

16 可不可以不要氣噗噗？來練雪花功

一個生氣，它有千萬種形式。人如果一天到晚在生氣，那自然，是離快樂越來越遠的。生氣的時候，心裡不痛快，身體更是不舒爽。尤其春天半夜的勃然大怒，更可能讓你體驗到打娘胎出生以來，前所未有的劇烈頭痛。

如果只是暫時頭痛，那其實也還好，就怕生氣的次數過於頻繁，衍生成生命能量的失衡，那事情就大條了。西藏醫學裡明確指出貪嗔癡三毒是導致「隆（Lung）」、「赤巴（Tripa）」、「培根（Bekan）」這三種生命能量紊亂的主因。其中怒氣影響的是赤巴，我們可以用「火」來理解它，赤巴相當於生命活動的能量。當赤巴失衡時，用西醫的話來說，就是新陳代謝、體溫方面容易出狀況，包含細胞再生不順、排毒功能受阻、體溫下降長期偏低等等，由此衍生出來的種種病症不僅令人受苦，就連自身的免疫力也會變得很不理想。

LIFE BALANCE

上了年紀還又嬌又嗔，一點都不可愛

年輕時候脾氣衝一點、對社會現況有諸多不滿，美其名還能稱爲憤青。但要是年紀有一點了，還這樣動不動盛氣凌人，想用發脾氣、說話大聲來建立權威，要人怕你、尊重你，變成難以伺候的憤老，大家只會想躲你躲得遠遠的，小心最後別搞到眾叛親離，孤獨終老那就很慘。

所以不能生氣？難道要躲著、忍著、逆來順受著？很遺憾，人活著就是有很多狀況可以生氣。縱使我天天經咒念好念滿，還是常常被員工氣得七竅生煙。直到開始練習我自創的「雪花功」後，生氣這件事，漸漸不會對我的人生、我的健康，造成任何困擾。

所謂「雪花功」，就是讓怒氣如雪片一般消融，避免越積越大、變成大雪球的一種心理鍛鍊。拆解來看，就是「覺察」、「定默」、「看破」的功夫。

LIFE BALANCE

去覺察，哎呀，原來我這樣也是動了嗔心

嗔怒有千萬種面目，比方說微不爽、無名火、莫名其妙爲反對而反對、怨恨、焦躁、

想攻擊人、諷刺挖苦、惡性競爭、貶低他人、看不順眼、不耐煩、冷戰、冷漠、翻白眼翻到後腦勺，認爲誰誰誰不公平，「踢公杯啊，我眞是過得太不容易了」覺得自己最委屈這樣。需仔細去辨認、覺察它們都是嗔心的化現。拆解雪花功，它可以分成三步驟：

◎**第一步，覺察**。你就像在看自己演的連續劇一樣，去覺察「喔，原來生氣還有這樣的面目啊！」用旁觀者視角看自己處境的時候，我有時候都還會笑出來。覺得自己好傻好天眞，幹嘛這麼激動，看起來有夠智障。

◎**第二步，定默**。你只能看著自己的好戲，但不能額外衍生劇情、加油添醋、添柴旺火，那都是不可以的。這樣做的目的在於不讓雪花有機會滾成大雪球。忍不住想飆國罵的時候，先靜默不說話，不失爲一個好方法。你還可以觀想自己如一隻雪獅，獨自進入一個純白的領域，漫步一會兒。若再配合上緩慢深長的腹式呼吸，那更是極好的。這個步驟，至少要持續六秒以上，平安通過了憤怒的頂點，人衝動犯錯的機率，可大幅降低。

◎**第三步，看破**。你第二步有成功，才有機會進入到這珍貴的第三步。爲什麼我說第三步珍貴呢？因爲這裡有一個開智慧的契機。隨個人機緣，你可能看透「苦」、「無我」或「無常」。也可能瞬間將這三個命題通通解開。不論你破解哪一道題，我都很想幫你開心灑花。

當人開始思維苦、正視死，人生會突然變得有意義、有方向、有意思起來。而「無常」也是個頗有深度的哲學命題，我發現隨順、放下執著，在無常的人世裡，我便能活出安然自在、活得心安理得。至於「無我」，當人願意把自己縮到最小的時候，空間就會變大。就好像你大喊一聲「TIIDA」，什麼空間都變魔術一樣被你變出來。談話的空間、快樂的空間，乃至於生存的空間。

雪花功好好練，不僅幫你避開雪崩式健康災難，還有機會開悟開智慧，領受來自天地宇宙，最眞切的祝福。願幸福快樂，朝你一直來一直來……。

快樂任務：睡覺前感謝今天發生在自己身上的三件好事情

從旁觀者角度來看，我發現有些人明明占盡了好處、受到許多禮遇、被人珍愛著，自己卻完全感受不到一絲幸福，反而固著在一些虛妄不實的地方，鑽牛角尖，鑽得自己很辛苦。人要是活成這樣，那就真的是太苦了啦！

預防自己在無意間變成幸福的絕緣體，這回任務很重要，它讓你轉頭，看見所有光照得到的地方。晚上躺在床上，入睡前請回想三件今天發生在自己身上的好事情。或許是陽光明媚晒得人很舒服，你感謝老天爺，也可能是你被一句話逗樂，感謝講笑話的人，又或是同事送來一塊蛋糕，感謝做蛋糕的師傅跟買蛋糕的同事……帶著這樣被關愛的感覺入睡，說不定，還能做個好夢呢！每天晚上，不妨花幾分鐘進行這項練習。練得好，連面相都能改變。

17 我們什麼都有，但為何就是快樂不起來？

很可能是因爲「參考點」的緣故。

對於智慧已開的人來說，有什麼或沒有什麼，都不會影響到他們的快樂程度。然而，對於思維力較弱的人來說，因爲本身缺乏自證圓滿的功力，於是就很需要到處找參考點來衡量自己的人生處境。但這樣做，既沒意義又帶有危險性，要非常小心！

別讓不真確的幻覺，擊垮自己

「別人的小孩比較優秀。」「別人的老公比較有出息。」，跟「別人碗裡的排骨比較大塊。」這種事，很多都是錯誤的幻覺。自社群媒體開始流行以來，各國都有不少青少年被憂鬱龍罩，甚至還有受不了選擇輕生的。在思維力尚未完整建置前，看著臉書跟ＩＧ

上的同學每天穿美美，吃大餐又到處玩，總是收到很棒的禮物，爸媽明理又有趣，連養的小狗都是名犬……彷彿全世界除了自己以外，大家都過得幸福又美滿，然而這些，許多都是不眞切的幻覺。

思維力強的人，一下就能突破盲點，戳破幻覺。而思維力越弱的人，往往越看越傷心、越看越自卑、越看越羨慕嫉妒恨。

古代沒有臉書，但高僧已教人看透幻覺的方法，那就是「別比較」，直接斷開參考點。人自以爲的參考點，其實也只是個虛妄不實的存在。爲什麼有人月薪十萬還嫌少？因爲他的同事都二十萬、三十萬，還有股票紅利。爲什麼自己開賓士還覺得沒面子，因爲他的鄰居都坐瑪莎拉蒂和賓利，還有司機，根本不用自己開。

LIFE BALANCE

恢復自在心，這五招學起來

一門心思若都被參考點這個捆龍鎖給困住了，不能自由翱翔，那麼，即便賺再多錢、身旁美女如雲、位高權重責任輕有個爽工作，人都不會快樂！因爲「人比人，氣死人」，永遠有那個能把你「比下去」的參考點在那，壓得你矮人一截。斷開鎖鏈，強化思維力，請你跟我一起這樣做：

◎在最艱難的日子裡，盡力保持幽默感。歷經像是當兵、瘋狂值班、攀登大山這類艱苦時刻，過來人聚在一起，總會扛屁抬槓，比慘互虧，你以爲自己才是最慘的那個，不一定喔，比你更衰的大有人在，這時便可開玩笑説：「人眞的不能比較，跟你一比，我就開心了。」但如果你剛好就是最慘的那個，把自己的「慘況」用笑話的方式說出來，也會是很有意思的聊天內容。我向來十分欣賞那些樂於把自己吃過的苦，給別人當作笑談的人。所有痛苦，只要加入幽默成分，就能熬成一鍋心靈雞湯、爲人帶來激勵力量。

◎去理解這是形象照，是在拍廣告。想像自己是製作人後再來看電視、看雜誌、滑臉書動態，就不容易高估他人的財富、幸福或身材。爲了畫面好看，有很多道具、有很多修飾、有很多濾鏡。欣賞可以，羨慕倒不必。

◎啟用高階慈悲心。大部分人，都偏好分享好事情，吃大餐、到處玩的背後，可能都還有其他故事。你怎知道他不是因爲離婚的緣故，每個月只能見小孩兩次，才老愛高調發布親子出遊照？你只見他爽遊歐洲三個月，但沒看到他埋首奮鬥三十年。用高階同理心、慈悲心，覆蓋低階的比較心、嫉妒心，我們會活得更有人味。

◎暫時忽略參考點未嘗不可。每次都氣自己好傻好天眞的人，先不看也是權宜之計。把關注他人的時間省下來，翻閱好書、訂閱知識型頻道、追蹤靈性導師，鍛鍊思維力越來越強大、見識越來越廣，到時候，你就跟古代高僧一樣，見山還是山、見水還是水，不管看到什麼，都不會特別舒服或特別不舒服。因爲，宇宙實相，已了然於心。

◎領悟空性，去體會大家是一個整體。忽略參考點是治標，眞正治本的是理解空性。拋棄以自我爲中心的想法，什麼嫉妒、比較、爭高下、與人爲敵的粗重煩惱將會逐漸消融、不攻自破。你斷開的不只是參考點這個鎖鏈，還能幫自己的自在心解除刑期，從牢獄中釋放。這時，由憤恨不平、不滿足所衍生出來的種種苦，將大幅減少。

由貪嗔癡、不明白不了解所摧毀的健康，我們用慈悲修復它。

快樂任務：選個好日子，數位排毒一整天

「你早上起床第一件事是做什麼？」喝水、梳頭、上廁所？結果很多人是找手機、看手機。有一次我去演講，大家這樣回答我。孩子去哪了不知道、老婆走丟了也不在意，手機不見，那就是世界末日了！不趕緊找出來，渾身都不對勁、人生無法繼續。數

位時代，我們都把手機抓得太牢，每一則訊息、每一聲響鈴，都不想錯過。是時候該戒掉手機奶嘴了。

請把手機留在家裡，出門探險去吧！把視線轉移到周遭活生生的人身上去，暫離線上世界，測試自己是否沒了手機還能夠好好活下去，甚至活得更好？

18 升級元力土壤，所見所聞所感受皆快樂

這世界上有很多種力，自癒力、免疫力、覺察力、理解力、專注力、記憶力、創造力、睡眠力乃至於身體的肌耐力……你想要哪一種？小孩才做選擇，我們通通要！

LIFE BALANCE

一如以往，真善美自在你心

舉凡世間所有力，皆來自於「元力」這塊土壤，只要元力顧好、元力夠肥沃，你想讓它長出來什麼，那都是可以的唷！很多人覺得西藏藏醫很神奇的心靈療癒這塊，其實也只是它的一部分功能而已。那到底，元力是什麼？它就是「一即一切，一切即一」的那個一。也是「道生一，一生二，二生三，三生萬物」裡的那個道。

修行人說「耕耘心園」，意思就是去升級元力土壤。用建造類手機遊戲打比方，玩家

能透過一些努力，讓自己的王國或農場等級越來越高，可能性越來越豐富，越來越成為你想要的樣子。現實人生中，我們要做的努力，就是「觀察」和「捨棄」、「沉浸」與「享受」，修修剪剪的一個過程。

從自覺、觀察到自己的「無視」、「冷漠」、「恐懼」、「厭煩」、「貪求」、「傲嬌」、「憤怒」開始，逐漸捨棄狹隘的目光，與畫地自限、自怨自艾、自卑自憐、自誇自滿的看法，放棄去做那些需要遮掩的羞恥慚愧之事。到這裡，可視為一個排毒的過程。把受重金屬和垃圾汙染的土壤清理乾淨，才有條件栽培作物。

你知道嗎？「怒氣」與「向上的動力」；「貪欲」與「成就」；「自誇」與「自信」之間，只有一線之隔，參透、跨過那條線，接下來就都是好事情。

心園等級會持續向上提升：「可行的」、「滿足的」、「有望的」、「和諧的」、「慈悲的」、「愛人也愛己」、「將大家視為一個整體」、「內心喜悅充滿感謝」、「愛流動順暢」、「安詳寧靜」直到完全開悟、智慧完全開啟。到達最後一個階段，你的元力土壤已不可同日而語，它儼然變成一個百寶箱，你所需要的、這世界所需要的，都在那裡面，而你，被賦予可以隨時取用的權利。到達這個階段，你所見所聞所想所感受所期盼，皆與快樂不相離。

以上，是元力土壤恢復本來面目的一個進程。下面，送你四個錦囊，對於跨線有障礙，或根本看不到線的時候，能派上用場。

◎你的老闆不是你的老闆。那是？哥吉拉或特斯拉，你決定！你把他當怪獸，你就會得到一個被吼叫被怒罵的結果。你把他當助緣，他就能帶你去到更遠的地方。

◎沒有一個眾生希望受苦。你往山上丟垃圾的時候，想像自己是山上的樹。你往海裡排廢水的時候，想像自己就是海洋。你朝他人放冷箭時，想像自己是箭靶。如此，寶貴的同理心會開始發揮療癒作用，令行爲與結果產生良善的質變。

◎離苦得樂的距離沒有兩百公里那麼遠。就一念、不花你一秒鐘。轉苦或轉樂，就像硬幣的兩面。你想看哪面看哪面。寬恕的背面是憎恨，一面美麗一面浮誇。自在跟輕佻、潛心精進或沉迷著迷、寬容與縱容、平等心與優越感、讚賞與妒嫉、豐足與奢靡、自信和自大，擇善固執還是食古不化，一念天堂、一念苦海池塘。幸福快樂、疾病磨難各由哪一面開展出來，你心裡肯定知曉。

◎利他才能真正穩賺不賠。擁有高級元力土壤的人，願意犧牲自己一人成就千萬人，擁有低階元力土壤的人，傾向犧牲千萬人去成就自己一人。祕密就是：宇宙法則是看「績效」發「獎金」的，一千萬減一還有九百九十九萬，負一千萬加一，是負的九百九十九萬。

基金投資有賺有賠，自私自利血本無回，利他慈悲穩賺不賠，還不用申購不用詳閱公開說明書。這麼好康的事，不揪你一起我還是人嗎？願你穩穩賺到，賺到快樂與健康！

快樂任務．進食前，先提升食物能量等級

感謝餐桌上的菜餚、感謝準備佳餚的人，都是非常好的習慣。對入口的食物傳達善意，說聲謝謝，它所蘊含的營養，將更容易為你所用，這就是提升食物能量的做法之一。在西藏，透過良善的念頭與祝福，加持藥物、加持食物，都是我們常常會做的事。在印度，講究的修行者還會對飲用水進行祈福儀式，也都是一樣的概念。

永遠記得不要帶著壞情緒上餐桌，也別在負面想法很多的時候進食。邊吃邊教訓孩子、追問功課，或逼人把東西吃完，都該避免。保持用餐時心情愉快，整體消化、吸收、代謝會更順暢。

19 凡人變高人，享受達觀式孤獨

有人形容孤獨的感覺，宛如有隻蟲子在慢慢啃蝕心臟這般難熬。害怕、寂寞、覺得遭世界遺棄、體驗到一種淡淡的憂傷、了無生趣……你有什麼樣的感覺呢？

快樂是一種能力，也是讓你不生病的基本態度

身爲一個預防醫學醫師，我覺得應該有責任告訴你，「達觀樂天的人健康壽命長、免疫防護強」，這是一個已被多國學者證明的科學事實。只不過有人研究的是心臟病、有人追蹤體重、有人觀察免疫反應、有人專攻癌症與老化進程，病的狀態有百百種，但恢復與維持健康的方法，不約而同，專家們都提出了相同的建議，「請儘量快樂的活著！」

若你對於一人獨處感到焦慮不安不習慣，出家時我曾學到一招，非常受用，這邊交給你：任何你討厭的東西、狀態，你在前面加上享受（Enjoy）就可以了。這樣，本來很「恐怖」的孤獨，就變成了享受孤獨。就這麼簡單。比方說享受獨食，這我超喜歡的。一個人

自在享用美食，不用額外花腦筋與人交談，對於自己吃進了什麼、吃了多少，更能掌握。享受獨自採買，同樣也是樂趣多多，由於我個性比較叛逆，不太喜歡被人指使、叫東叫西，自己想怎樣買就怎樣買，對於這樣的自由，我非常喜歡。

LIFE BALANCE

享受獨處一室，照見自心

學會在「孤獨」前加上「享受」二字，除了健康方面的益處外，最大的好處是你將「自我實現的更為徹底」。歷經孤獨、善用孤獨，凡人閉關後變成高人，這是很容易發生的。不能出門的時候，何不來趟向內心深處的遠遊？看看自己的心界，能帶你走到多遠。

不管是自找的孤獨或是被迫的孤獨，都別浪費。你用消極的方式、抵抗的方式面對它，就是浪費。改以享受的方式來體驗孤獨，人可以活出禪意。想靜心淨心，沒有人會來打擾你。想等髒衣服堆積如山時再一起清洗，那也是可以。你可以構思、建構出一個美好的未來，當然你也可以整理相片，開心回味過去。你可以運動，你可以休息，你可以看喜劇傻笑，也可以看悲劇流幾滴眼淚。請喚醒你的愛好，那可能是茶藝、插花或演奏一項樂器。請照顧好你自己，把全身上下梳洗乾淨，並利用時間將身外之物徹底做一次斷捨離。學習寬容去面對電視上形形色色的人、學習在受限的環境下發揮慈悲心。

最後，還是要提醒，若對於孤獨總抱持負面觀感，對於被迫失去人與人的連結而感到悲觀絕望和生氣，這樣的想法對健康所造成的潛在威脅，不亞於體重超標，更相當於你每天抽十五支菸。孤獨能令人的智慧如跳級般增長，同樣也能讓人的身心逐漸衰頹萎靡。願你選擇快樂、達觀這條路，在孤獨中勇敢前行、精進，一步步邁入健康。每走一步，都是歡喜。

快樂任務：耍廢耍得理直氣壯，擁有一事無成的勇氣

給自己放一天假，除了吃喝拉撒睡、小玩一下，啥正經事都不幹、耍廢耍得理直氣壯。有時就是必須等風起，船才能繼續航行。別擔心，合理的等待絕不會讓人落後，先決定好方向再等待對的風向，最終肯定能到得了你想去的地方。

很多時候，看似停滯其實是在醞釀。比方說頭腦放空時，停止邏輯分析、停止靈感接收、停止情緒處理……表面上看似什麼都沒想，但其實大腦私底下會趁著這個空檔，自動進行訊息重整，用一種你沒想到的方式在忙。「每天都要有進度」這件事本身即相

當不合理，就連工廠裡的機器、遊樂園的設施，都有維修保養日，更何況是人？偶爾一事無成又何妨？心寬天地寬，只要沒休息到心寬體胖的程度，身體變得過度肥胖那樣，都不算太超過。

20 肌多快樂多，尊嚴多更多

坐擁萬貫家財不如有肌肉在身。能自理，方能自在。

隨高齡化社會來臨，有研究人員注意到了長者肌少與憂鬱情緒之間呈正相關。這不難理解，如果我今天毛巾擰不乾、手不能提重、腳無法快步在燈號轉換前過馬路，我當然也會很不開心。

LIFE BALANCE

如果不能動，活得很長又能怎樣？

相較於北歐以臨終前臥床兩週內爲目標，台灣許多長者長達七、八年以上的失能餘命數字讓我看了很不捨。倒帶一下，回到對的時間點，我們一起來改寫熟齡命運，變成令人羨慕，甚至有點崇拜的智慧長者。而非壞脾氣老人。

永不嫌早、永不嫌遲，這個對的時間點，就是現在！能夠老得優雅、老得瀟灑、老得快樂自在、老得就像沒老過一樣，要做哪些對的事呢？兩個重點，第一，令心情歡快；第二，使肌肉增長。

「要變成肌肉猛男這樣嗎？」可以喔，如果你喜歡的話。否則，至少也要成爲「肌肉行男」，做什麼都行的「行男」。幫隔壁小姐扭開瓶蓋，沒問題！爬山健步如飛，人家還以爲你有練輕功。當然，太太小姐女士們，週年慶能比別人還快走到專櫃前的這種腳力，絕不能弱掉。等八十多歲時再來個華麗劈腿，令年輕美眉們目瞪口呆，那也挺有趣的。這不是在說笑，眞的有人已經做到。

LIFE BALANCE

好看又好用，大小肌群練起來

預防失能、骨質疏鬆、關節不利索，再往前倒帶就是肌肉先練起來。肌肉多不光好看好用而已，舉凡腰痠背痛、慢性疲勞、心臟病、糖尿病、憂鬱症、髖關節骨折、失智、三高困擾與其他諸多慢性病，都會跟你緣分越來越淺。想迎來健康逆轉勝，沒有肌肉可不行！

肌肉多多的好處顯而易見，外表上身形挺拔、鎖骨飽滿、太陽穴平坦、手的虎口隆起，一副貴族模樣。骨子裡，免疫力健全、癒合自癒佳、代謝循環強、情緒調節功能一級棒，就連呼吸都能吸比別人大口。喜歡吃的東西嚥得下消化得了代謝得掉，想去的地方到得了玩得動心情自然更好。這樣的長壽，才是祝福。

話說醫生能幫人開處方，但不能幫人開心，同樣的，我能告訴你擁有肌肉有多麼棒，但練好練滿，還是得靠自己。怎樣練？找專業教練去練，拜託你身邊比較會運動的朋友，爬山、騎飛輪記得要揪。已經很會的，除了自己練，有好機會也要把鍛鍊肌肉筋骨的方法教出去，教功者長功，自他兩利。

有肌肉你就能任性，沒有肌肉你就只能認命

最後，長肌要點，我有幾個提醒。

◎**肉多筋軟護關節**。大腿前側股四頭肌，與體後側臀腿肌群趁年輕練起來，可以大大減輕未來膝關節受損、受傷的風險。保護關節最好的方法就是強化肌力與筋骨彈性，藉此分散掉關節所接受到的衝擊力。

◎**穩定血糖宜增肌**。飲食上奶蛋豆等優質蛋白質攝取不可省，豆乾、豆腐、豆漿、青豆、黑豆這些都很讚。先有形成肌肉的原料，再加上重量訓練、抗阻運動循序漸進、次第增強，練好肌肉，對穩定血糖超有幫助。

◎**告別紙片人美學**。瘦到鎖骨很明顯、風一吹就飄走才是有仙氣，像這樣的紙片人美

學，不要學！大原則年輕人不要太胖、老年人不要太瘦，不管老少，有肌肉你就能任性，沒肌肉你就只能認命。養好肌肉，跌倒、失能、臥床可以不用發生。

◎跟自己比較。舉凡調節壓力的能力、肌力、耐力與令人快樂起來的能力，都是用進廢退的。人對壓力的承受度可訓練、負重的能力可鍛鍊、維持樂觀態度的功力靠修煉，我不會說這些都很容易，但我向你保證，只要願意開始並持續努力著，你會一天天進步，今天比昨天快樂的時間更多，今天比昨天能提更重的袋子，走得更遠、爬樓梯更輕鬆。

與其計較他人有什麼、自己沒有什麼，倒不如看著今天的自己比昨天的自己更好。眞想較量，就來比骨骼肌率吧！

快樂任務：幫自己添購機能性衣物跟適合運動的鞋

雖說定期鍛鍊本身就是件快樂的事，但若能樂上加樂，為什麼不？何不穿得漂亮一點、舒服一點。考慮到不同運動的性質，吸濕、排汗、速乾、避震、支撐、防水、止滑、高延展等機能性不妨多留意一下。

在野外活動有件防水耐磨的外套，那可是相當好用。若要跑要跳，大太陽下出汗我最怕衣服材質悶熱不透氣。雖然我柔軟度沒有瑜伽老師那麼厲害，但我也是不希望伸展壓腿的時候聽到「啪啪」兩聲，褲子或衣服裂開實在太尷尬了，彈性好、延展好，那才能安心運動嘛！佛要金裝、人要衣裝，運動的戰服可以買好一點，只要你能開心穿著它去認真運動，那都不算浪費。

21 靈性健康檢查，正語指數

根據我臨床觀察，散發出快樂氣質的人，通常不怎麼會生病，即便生病，也比別人好得快、很容易治療。

如果去看醫學期刊論文，你會發現經常處於快樂這個狀態，有利於人體的自律神經、荷爾蒙、免疫力、壓力達到良性的平衡。換成東方語彙來說，即爲地水火風空五元素的平衡，呈現陰陽和合，水火既濟、心腎相交、疾病不生的理想態勢，持續堅守正道、保持快樂心境，可避免身心紊亂。

LIFE BALANCE

持守正道，不逆不歪不傾斜

醫學上的正道意指不逆、不歪、不傾斜。按時間醫學照顧身體、冬吃蘿蔔夏吃薑、順應春夏秋冬四時做該做的事即爲不逆天。心裡善念長存，不胡思亂想、不妄議他人，即爲不歪。至於不傾斜，意思是做什麼事情都剛剛好，持中，沒有太超過或做不夠。

比方說我最提倡的喝好水、喝好油。你喝剛好，身體各項機能都會運行得很順，還能避免身體、大腦遭受老化傷害襲擊。喝不夠，如同水庫缺水，維持健康的種種素材，身體都無法自行合成，另外一個麻煩是還會影響排毒。但喝太多、狂灌牛飲也不行，喝到水變成有苦味這樣，反而造成心腎額外負擔。

不逆、不歪、不向任何一端傾斜，即為「正」。佛教醫學講究的八正道，包含正見、正思維、正語、正業、正命、正精進、正念、正定，通通學過一輪，快樂自然源源不絕湧現。

今天先來講其中的「正語」這部分。

透過審查語言，自我檢視心靈品質

生理健康有身體的健康檢查把關，大家從小到大應該都做過好幾次了，至於心理健康也有各種精神症狀的篩檢表可以勾選、評量。唯獨靈性健康這一塊，西醫講不清楚，所幸，藏醫很有經驗。心靈有沒有狀況，聽你講什麼話就知道，看你常說的是人話還是鬼話。

若沒經過訓練，一般人看不見無形的心靈，但就算不經訓練，說出來的話語有聲音，甚至可以化爲文字，因此我們能透過審查語言的品質，來檢視心靈，這是相對容易的。而且自己隨時隨地都能檢查。

現在，請仔細回想，自己說出口的話，是否常不經意發出由衷讚美？感謝語掛嘴邊、很容易去稱讚他人的成就與善行、肯定句多於否定句。話語柔和、正直中肯、對人有益，甚至能化解紛爭。這類正語占你說話比例越高，表示你的正語指數越高。心靈無礙還能滅除大闇，是相當健康的。

若出現以下症狀就要小心。不經意說了很多抱怨的話、話語中充滿敵意和不滿、蔑視與懷疑。與人對話常出現嘲諷、醋意、哀怨和不甘心。如果是這樣，表示此人心靈正陷入某種困境，被團團迷霧、重重煩惱等心靈垃圾給壓住了。

錯誤的妄念、扭曲的回憶，讓人感到羞恥、自卑、退縮、冷漠，或變異爲暴怒、侵略、敵意、自大、驕傲的種種念想，都會削減靈性活力。當人進入到低階意識狀態，其實是很難自我反省的。因爲心靈垃圾、灰塵太多了，本心的智慧光芒都給遮住，常常沒辦法發揮照亮自己的功能，更遑論照亮他人了。這時候，最需要大掃除。沒錯！是眞的拿起掃把、抹布來做些恢復清潔的乾淨事。

心裡有事，靠打掃環境也能梳理

擦桌子、刷鍋子、清垃圾都很好，整理這件事，不光是把環境弄好而已，東方哲學講天人合一，講大小宇宙的連結，外境弄好了，心境也會一樣乾淨。一件物品，可能乘載著一段不堪的過去，把它送走或丟掉，就很好的幫心靈歸零，能夠再重新開始。不過這只是從負分到零分喔。接下來，要一分、兩分……往上加，加到一百分、七百分以上，人類都有辦法做到。超過兩百你對周遭人開始有正面影響力，超過七百分大概就像德瑞莎修女、聖嚴法師、達賴喇嘛與聖雄甘地這樣，能拯救很多生命，讓世界往好的方向提升。

除非特殊狀況，否則身體的健康檢查其實不用每年做，有人花幾十萬鉅細靡遺的找到一個疾病，「唉呦，好高興喔」終於檢查出來了，好像對生病很期待的樣子，這……，這種事還是不要期待比較好。要想、要期盼，應該是好好想一想如何恢復健康、做什麼可以更好的維持健康、越來越健康這樣。

常常要做的其實是心靈的健康檢查。檢查自己有沒有說正語，是不是滿口胡言亂語？今天又說了多少渾話、廢話、挑撥離間的話？能覺察自省，心靈療癒便會自然啟動，重啟寬恕、寧靜、樂觀、勇氣、良善，乃至帶你進入靈感源源不絕、妙不可言的美好之境。

快樂任務：讚美三個人，要出於真心

不常笑的人，你要他笑一個來看，可能比哭還難看。同樣的，若不常讚美別人，現在要你說句「正語」，你也可能會十分彆扭。展笑顏、說正語，都是需要經過練習才能內化。請任意挑選三個人，分別對他們說一句讚美的話。務必以真實、誠懇的方式來說，切勿過度吹捧、流於浮誇。

22 吃糖會快樂？剛好相反

情人節巧克力、聖誕節棒棒糖、萬聖節妖怪糖，還有農曆春節寓意「吃甜甜賺大錢」的各式年糖……逢年過節你我都有很多機會可以吃到糖。節慶食品吃吃應景我覺得沒什麼關係，不過要是平常習慣性用高糖分甜食來使自己振作起來，那可要稍微踩踩剎車囉！

天天甜食糕餅不離口，嗜甜如命，可能會面臨幾個問題：

◎加速衰老進程。

◎增加慢性病風險。

◎不利於預防動脈硬化。

◎干擾大腦令情緒低落。

◎間接導致睡眠品質不佳。

不划算！短暫的歡愉換來長期的疲勞

要知道藉由吃甜食所產生的愉悅感既短暫，消失得還很快，接著焦慮、低落、疲憊感襲來，又會讓身體渴求更多糖分，叫人一不小心陷入惡性循環。原本想藉由甜食提振、安撫情緒，長期依賴甜食，卻使情緒波動更大，反而對穩定心神無益。美國做了臨床實驗，為控制病情請病患禁斷甜食半年，發現多數病人的憂鬱症狀獲得改善。

糖分攝取過多，恐怕增加肥胖、糖尿病、高血壓，以及憂鬱症罹患風險。糖分還會消耗身體裡的維生素B，令發炎指數升高。已經有慢性疲勞的人，若依賴攝取高糖分來提振精神，短暫有精神一下下，之後反而更累，根本問題完全沒有解決。

小孩子才吃甜，成熟大人都愛這一味

都不能吃甜，人生酸甜苦辣豈不少一味？非也非也。何不用更高級的甘味來取代甜膩？我們要擺脫的，是加工食品、精緻糖所引起的生活習慣病和情緒失衡，品嘗甘味的愉悅、快樂，是不需要放棄的。

怎樣能嘗出「甘」？台灣人最會喝高山茶，好茶入口後的回甘，就是一種甘。還有黃豆製品加醬油，會出現一股甘味，這是一種隱藏之味，靜心吃飯的人才能發現。或者是你聽我的話，活得歲數越多、吃飯嚼越多下，米飯、大麥、小米各種穀類你嚼嚼嚼，淡雅的甘甜滋味，你就吃到了，這樣讓唾液跟穀物充分混合，除了飯更好吃，還很能幫助消化。此外，人參、紅棗、枸杞、甘草，以及不另外添加糖的果乾，都能嘗到甘味。我覺得最有意思莫過於「苦盡甘來」，苦瓜、苦茶、苦杏仁，入口苦，後味竟都是甘甜的，最是神奇！

我一個台南出生的朋友，最討厭人家說台南人愛吃甜，他說：「我們那叫甘！」不會做菜的人往鍋裡一股腦加糖，以爲這就是台南味，最好是啦，這是死甜，而甘味是活的！我常常在咀嚼他這個說法，慢慢體會中。於是我煮蔬菜湯的時候，會開始注意怎樣下料才好喝，怎樣能嘗到蔬菜的清甜。像是用紅蘿蔔、洋蔥、芹菜煮湯底，味道就非常好。還有就是喝水，好的泉水喝來鮮爽甘甜，特別是你運動過後小口小口品嘗，滋味更是甘美。

LIFE BALANCE

好日子有你一份，苦盡甘來滋味長

很痛苦、很累人台語叫「艱苦」，拆解「艱」這個字，一邊難、一邊很，加起來豈不就是「很難」？「我這人生實在是太難了！」連續劇裡的悲情主角常常會這樣怨嘆。不過不用擔心，苦裡藏甘，正如陰中有陽、陽中有陰，再難再苦，一旦轉化契機出現，苦也能質變爲甘。

轉化的契機有兩種，一種是你啥事都不幹，等著等著，靠時間醞釀，契機就被你等來了。另一種則積極一些，我通常靠這招，用心來轉念，苦盡甘來，能在轉瞬間實現。仔細覺察苦裡的甘，認眞關注甘，質變就會加速。

小時候不懂，有糖吃就很快樂。學醫之後，知道吃太多精緻糖很傷身體，所以我常勸身邊的人少吃一些。四十歲後，我開始學著品嘗甘味，尤其那種苦甘苦甘的，最對我的味。知道甘在後頭等著，即便有再多的苦，也都沒什麼可怕的了！甘苦參半的人生，更有味。

快樂任務：品嘗不同國家、不同來源的水

我很會喝！也很愛找人喝喝。每天都要喝好幾杯。一早起床先乾五百，一天沒喝足

三千，就好像有件事沒做完。話說喝酒鬧事是傻人，能喝不醉才是高人，邀請你跟我一起每天喝，一杯一杯再一杯。不過喝得不是酒，是喝好水！可能因為小時候住高海拔山區的緣故，一般來說，冰山水、冰川水，我都很愛。

不方便出國時，環遊世界不一定要本人去，用味覺感受異國風情，別有一番滋味，品嘗挪威的VOSS氣泡礦泉水、義大利的聖沛黎洛、法國的Evian、斐濟的深層礦泉水……在台灣買水其實還滿方便的，選擇也多。品水，也像是品酒、品茶一樣，能有很多樂趣。這回任務，請仔細品嘗水滋味，甘、滑、鮮、爽、潤、厚、純……你能嘗出幾種呢？

23 轉念，提升靈性智商

人與其他動物之所以不同，其中一個很大的差異，在於人擁有轉念的能力。別小看這項能力，好好用它，不僅令自己運勢大開、心情大好，就連身體預防癌症的能力，都能向上提升。

LIFE BALANCE

3Q比一比，哪個Q讓人活出一片天？

試想，考上台大政大、畢業於常春藤名校、進入頂尖企業，有人開心大顯身手，有人卻被壓力擊垮而輕生，怎麼會這樣？比ＩＱ智商，他們每個都聰明，比ＥＱ情緒智商，這些人自制力、自我鞭策的能力也都不差。那，究竟差在哪？我認爲最大的差距，在於ＳＱ，也就是所謂的靈性智商（Spiritual Intelligence Quotient）。靈性智商高，不是說你會摸水晶球、會算塔羅牌、持咒特別厲害、擁有很多跟靈魂相關的知識……不是這個意思。在西藏醫學的領域裡，「醫者與患者透過探索自己的內在靈性，活出自己的最高版本，同時間也活得健康、快樂又幸福。」這才是高靈性智商者的特徵。

如果說ＩＱ、ＥＱ是聰明，那ＳＱ就屬於真正的智慧。通常一個人轉念的功力越強，意味著他的靈性智商也越高。以剛進入頂尖企業的菁英爲例，從家鄉小池塘跳到遼闊大海，才赫然發現自己不是永遠的第一名、不是唯一的天才，起初難免失落沮喪。ＳＱ低的人開始自嘆不如人、自怨自艾，從此一蹶不振。而ＳＱ高的人轉念一想，終於有對手了好爽，開會還不用顧慮他人自尊心的問題，於是整個就放開了，遇強則強，天賦從此超展開。

LIFE BALANCE

鍛鍊靈性智商，健康力隨之躍升

知道了吧！眞正能決定人命運走向的，其實是ＳＱ，而不是ＩＱ或ＥＱ，儘管這兩個Ｑ也很重要，但只是重要而已，並非關鍵。

好消息是，透過心的修煉、常常練習轉念，靈性智商是可以不斷向上提升的，提升能怎樣？當提升到一定的水平，基本上你將擁有不失去快樂的能力、不生病的健康力，以及不帶偏見的多面向覺察力，這是最基本的。當然還有更多好康，請自己慢慢拆禮物吧！

現在，讓我們一起來提升ＳＱ、練習練習轉念。

◎善解惡語。吞下翻譯年糕後，再次解讀那令人寒心的話，才發現親人友人愛人跟你說的那些，很可能是出於關心的叮嚀喔！大概就類似老鷹把小鷹踢下懸崖的意思差不多，小鷹們請趕緊展翅高飛，傻傻在話語上糾結，那還眞可能就墜落谷底啦！

◎轉病為福。修煉快樂心，時時轉憂爲喜，那麼，全身的細胞都會跟你一起歡呼、一起開心做人。科學家研究出來，當人處於開心、愉悅的狀態時，他的自然殺手細胞（Natural Killer Cell，簡稱 NK 細胞）活性也隨之增強。自然殺手細胞很會對付被外來病毒感染的細胞，以及自己身上癌變的細胞。在預防癌症發病上，自然殺手細胞是一支很殺的先鋒部隊。而你的快樂、你的笑容，就是他們最有力的後勤補給。

◎利他排寒。如今「心寒」不再只是一個狀態的描述，它還是被量化的科學事實。芬蘭阿爾托大學發現，傲嬌之人在體溫分布圖上呈現上熱下冷的狀態，善妒的人、害羞的人四肢偏冷。而寒中之寒，則是悲傷、抑鬱這兩種情緒。轉寒爲暖，愛與幸福是解答！感覺被愛，或是去愛人，這兩個方向都可行。感謝一些發生在自己身上的好事情，從心頭注入一股暖流，或者是實踐不求回報的利他，發善念說善語，爲他人爲環境做件好事都很棒。

山不轉路轉、路不轉人轉，人轉得好，心轉、念轉的功力也就增強。人生卡卡的時候，先別著急，轉轉身、轉轉念，轉轉運。總會讓你轉出好辦法的！

快樂任務：一反常態，用十種新方法吃麵

很多人都不知道，自己身上其實蘊藏著無限，在你腦海中、在你心海裡。只不過世間規矩太多，規定東規定西，這邊畫著一條線、那邊砌上一堵牆，把人框在了侷限之中。

擺脫束縛、恢復我心自在，這回用吃麵來練習。你可以用叉子捲著吃、用流水素麵的方式吃，或是吃沾麵、燴麵、冷麵、炸麵。在吃法上、烹調法上，或調味上，請一反常態、發揮創意，去嘗試以前沒試過的新方法或新口味。

24 培育快樂心，開啟智慧

我們身旁堆了很多東西、名上掛了許多頭銜，甚至還有人名下有一些不動產、有公司、有跑車，但為什麼還是不快樂呢？看來，快樂這玩意兒，跟「有」什麼，似乎關係不大。

有人調皮的說，「錢不能買到快樂，但要是有錢，別人會想辦法讓我快樂。」當然這是一句玩笑話。縱使人家獻上美食、美酒，進貢稀罕的奇珍異寶，這些身外之物剛得到的時候可能會開心一下，但也只有那麼一下下，很快就會覺得沒什麼。甚至還想要更多，落入「貪」的陷阱，成為名副其實的「不滿族」。

LIFE BALANCE

心裡沒搞定，身外物越多反而越不快樂

活得快樂活得精彩，老實說，跟身外之物其實沒什麼太大關係。尤其是當你基本需求滿足，吃得飽、穿得暖、有地方住的時候，再多給你一些些，反而容易招致煩惱。比方說

吃太撐、太胖，還被醫生要求減肥；家裡衣服爆炸多，每天出門想穿搭都很傷腦筋；多出來的房子拿去租人，租不出去或是不小心租給習慣很差、有拖延症的房客，以上這些，都讓人很煩啊！

所以，要把衣服脫光光，跑到瀑布下沖水？三天三夜不吃不喝？把房子送人，自己跑去餐風露宿？透過體驗痛苦來得到快樂，古時候確實很多人這麼做，但能因此開悟的人卻很少。

其實，可靠的順序是這樣的。步驟一：先開始找自己。步驟二：快樂隨著來。步驟三：智慧漸漸開。用愉快的方式、適合自己的方式把苦日子過成好日子。這就是你內建的智慧之光，照亮你的開始。

LIFE BALANCE

無上的快樂，來自於生命藍圖的實現

找自己怎麼找？要上哪找？我很喜歡這句話，「旅行、修行，都是找自己，向內心深處的遠遊。」剛好現在全球疫情跨國移動規定很多，靜靜地待在島內，去山上、去溪邊、去看美麗的風景。也可以就地在家靜心淨心，淨化偏見、敵意、欲望、嗔恨、人云亦云，與不合時宜的習慣，如同洗澡一般、如同血液淨化一般。把不屬於自己的去除乾淨。你就會發現你的生命藍圖，好端端的寫在你的心牆上。讀一讀，憶起此生的目的。這就是找自己，而且過程還相當愉快呢！

我們常常在爭，爭名次、爭一個在別人心目中的地位，從第三配角升級到第二配角、第一配角，爭別人是不是有把我當回事、當成重要的人。誒，等等，只有金馬獎有在頒獎給配角啦！宇宙之心可沒有這個獎項。

因爲你，注定是要來當主角的！

演繹精彩人生、充分體驗世界、完整發揮天賦，是人之所以生而爲人的意義。是個醫生，就好好當個醫生。是個媽媽，就當一個很棒的媽媽。是個創造者、服務者、改革者、開拓者、教育者、調停者、守護者、表演者、助人者、觀察者、終結者、和諧忘我者……。當你向內心深處遠遊時，便照見你獨有的靈魂特性。這是往外爭，爭到頭破血流都無法明白的。

不妨靜心觀察一下，自己在做什麼的時候，能進入心流狀態，是快樂的、是滿足的、是渾然忘我的。在快樂中，眞正的自己將完全綻放開來，你可以盡情享受在找自己的過程中，伴隨而來的喜悅，而這樣的喜悅、這樣的快樂，精純又美好，還不怕有副作用。廢話少說閒事少管，甚至不管都沒關係。把省下來的時間精力，用來揣摩角色，做自己生命中的主角，好好演、好好把劇情發展下去、好好走完。

快樂任務：美化居家環境，讓自己住得像貴族

請回想一下自己旅遊時待過的高檔飯店，是不是都沒有雜物、垃圾或奇怪的氣味，看起來空間很開闊、很雅致、聞起來還香香的？讓人一走進去就覺得自己好像公主、好像王子啊！其實在家裡也應該是這麼舒服，甚至還更舒服才對。

別說什麼亂成一團才有居家感，隨時動手整理、清掃、改造，用自己喜歡的方式布置與安排，無論你家是豪宅還是好窄，大別墅還是小坪數，都能成為風格宅。一年住好飯店只能當貴族幾天？何不把家裡弄好弄舒適弄漂亮，如此，宅在家的時光將更有品質。

25 自產愉悅血清素，補充色胺酸吃什麼

有一種關乎你快不快樂、身體爽不爽快的重要神經化學傳導物質，它叫做血清素。血清素濃度過低，有人會憂鬱、頭痛，有人會易怒易焦躁，時常心不能安，有些人會莫名其妙發胖，出現睡眠障礙，有些人則是明顯感覺到注意力無法集中，倦怠又壓力很大放不下。症狀百百種，你我皆不同，總之，很麻煩就是。「哎呀，你要放下啊！」「我也知道要放下啊，但哪有那麼容易。」這是我們常聽到的對話。許多時候，放不下並非心理因素，而是生理因素，是營養攝取上有所疏漏所產生的問題。一味責怪自己的心不夠瀟灑，其實心也很無辜。這時候我會問，你晚上有睡好嗎？你有吃芝麻嗎？

問芝麻是因爲芝麻及其製品皆含有豐富的色胺酸（Tryptophan），作爲一種人體必須的胺基酸，它能促進血清素與褪黑激素（Melatonin）生成。我自己都會吃芝麻醬，或泡芝麻飲來喝。褪黑激素管你晚上有沒有好睡，血清素則跟你白天夠不夠清醒、快不快樂有關。我常常勸大家做日光浴的原因，就是爲了維持血清素跟褪黑激素的平衡。平衡搞好，很多健康問題都不再是問題。

自己檢查，我到底是把自己吃好了還是吃壞了？

如果你本身一天中快樂的時間比厭世的時間長、看到有趣的事情會笑出來、大多數時間精神飽滿，或是充電很快，很容易熟睡、睡飽。自覺精神安定穩定，不容易情緒起伏很大。這樣超棒的！基本上你的平衡沒什麼問題。請繼續保持。就照現在的飲食習慣正常吃即可。

倘若你生理期前常常特別不舒服、晚上睡不好又容易醒、情緒低落注意力差、容易衝動無法控制、難以感到快樂，那不妨注意一下自己在飲食上有沒有偏食、是否有營養失衡的問題？合成血清素的原料之一「色胺酸」要是缺貨，巧婦難爲無米之炊，即便神仙下凡、喜劇大師卓別林到你家成天逗你，也沒辦法令你快樂起來。

現在市面上雖然也有口服色胺酸這種方便的選擇，但其實只要日常飲食掌握多樣、均衡原則，且不要採取什麼激烈偏頗的節食法，基本上你體內色胺酸的存量，都會是足夠的。補充色胺酸自己來，請把以下食材牢牢記得，或貼在冰箱上，下回採買，別忘了這些讓人開心的好東西。大原則多樣化少量攝取、輪流享用。

◎五穀雜糧：燕麥、小麥胚芽、蕎麥。
◎堅果種子類：黑芝麻、白芝麻、核桃、腰果、蓮子、花生、榛果、葵瓜子。
◎各種豆及其製品：黑豆、毛豆、鷹嘴豆、納豆、豆腐、豆漿與拌涼麵的芝麻醬。
◎乳製品：鮮奶、優格、用傳統方法製作的起司。
◎蛋類：雞蛋、鐵蛋、鹹鴨蛋、茶葉蛋。
◎藻類：紫菜、髮菜。
◎送人自用兩相宜類：蜂蜜、巧克力。

蜂蜜我都說它是「植物的精華液」，不方便出國的時候，買不同國家的蜂蜜來吃，照樣能得到世界各地植物們的健康加持。至於巧克力，可可脂含量越高越好，可避免無意間攝取過多糖分。趴數高的黑巧克力吃對了，不僅人會開心，還對促進心血管健康有正面的影響。

荷蘭萊頓大學認知心理學系研究人員發現，補充色胺酸、提高血清素水平的人，會更願意慷慨解囊，多捐一點錢給慈善機構。而且，還會變得比較願意和人合作、願意信任他人。下回你若遇上「不聽話」的人，先別急著自己生悶氣，別忙著爭辯講理，何不請對方吃兩顆茶葉蛋、送他巧克力，或端碗豆腐紫菜味噌湯來，有了色胺酸，血清素不缺，心情愉快，什麼事都好談、什麼困難都不難。

快樂任務・任選一樣食材，觀想它的來源，衷心感謝

感恩食物、讚嘆食物，是文明人的好習慣，而且這樣做，還對促進健康大有益處。舉例來說，中午用餐時，你可以觀想一粒米的來源，是有多少機緣，才能讓這粒米被送到你眼前、成為你的營養來源。首先，要有農人，天要會下雨，土壤要夠肥沃，害蟲不能把它吃光光，賣米的老闆要身體健康，送貨的、烹調的、幫你端上桌的……都有出一份力喔，啊不然你以為這粒米是自己走進你碗裡的嗎？謝天謝地、謝謝所有人，讓這粒米現在能在這裡被自己吃進去。時不時你都能做這樣的一個練習，食材任選，吃到什麼謝什麼，香蕉、芭樂都可以。

26 快樂或不快樂的源頭是自己，非外在環境

一些科學家對於西藏出家人的靜坐靜心很感興趣。醫界也對透過靜坐來改善焦慮、降低血壓、減輕痛感和消除壓力的效果抱持肯定態度。曾有研究人員用科學儀器監測出家人腦部變化時發現，當受測者內觀並進入一種寧靜愉悅狀態時，螢幕上的大腦也有多個區塊同時間亮了起來。這些能夠顯像化的快樂反應，間接證實了「無需人家給你什麼，快樂的心，能由自己升起」，這顆心，也就是所謂的「慈心」。

當人靜坐觀想時，有看到什麼？聽見什麼？或接觸到什麼嗎？可以說有，也可以說沒有。說有，是因爲心靜的人，感官會變得更加敏銳，對於一陣微風、陽光熱度的些微變化，乃至樹木花草的香氣都能高度覺知。說沒有，是因爲在靜坐的當下，沒有別人、沒有科技產品來取悅你或干擾你，是你自己跟自己相處的一段時光。因此可以說，若你在靜心的同時，能獲得愉悅的感覺，那也是「自找的」，自己找到的，跟別人與外在環境關係

不大。同樣的，當你生氣了，動不動朝人噴火開炮，也是自己的緣故，跟外界一點關係都沒有。

不是啊，還不都他害的？真的不是喔

我那麼對、我那麼可愛、我都有在修、有念佛耶，生氣怎麼會是我自找的，「明明就是『他』惹我的。」說得好像只要那個「他」消失，天下馬上就會太平似的。不知你是否曾有過這樣的經驗：很多類似的狀況，總一再發生，宛如一個小輪迴。總因爲同樣的原因而想要離職，總因爲同樣的原因跟另一半分手或被分手，不管換到哪個職場，總遇到「壞」同事，不管搬到哪去，總有「壞」鄰居。嘿，不是說只要那個「他」消失了，天下就會太平嗎？結果沒有，完全沒有。只要你心中有所不平，那就沒有太平的一天。縱使今天這個他被你躲過了，你讓他消失了，少了這個他，宇宙中還有千千萬萬個他，在等著讓你心裡很受傷。

越講越像恐怖故事，好了，來講點好消息。好消息是，苦與樂之間的距離其實可以是零距離，用意念來切換，離苦得樂，不需要一秒鐘。但說眞的，其實你也不用那麼討厭苦，因爲，苦樂參半的人生，是上天送給人類獨有的禮物。

曾想過要脫離痛苦嗎？想過的人有福了

苦也有苦的好處，想要離苦可以成爲一個很好的動機、一個轉機。因爲想要離苦，所以人類文明會進步、靈性得以揚升，因爲想要得樂，所以努力起來特別認眞。比方說大部分人開始注重健康，是因爲察覺到了自己不健康的部分，才興起想要改善的念頭。跟著我一起研究、一起學習預防醫學的，最認眞的那幾個，都是曾經因病痛受苦的。

發現自己肌肉少、做事容易累，想要離開這個累，於是開始健身、練習深蹲。離苦得樂，只要願意開始，永遠不嫌遲。有位日本太太六十五歲踏進健身房，練著練著練出興趣來，在八十七歲時還成爲全日本最高齡的健身教練，每天快樂幫助他人鍛鍊肌肉和柔軟度。這是在健康上，離苦得樂的意義。

從佛學的意義上來看，離苦得樂是「奉行菩薩道，得解脫樂。」暇滿人身難得，在無盡輪迴的六道中，鬼畜忙著受苦、陷入無法自拔的苦海中；天人忙著享樂、沉浸於虛幻短暫的安樂中，不像苦樂參半的人，有空暇餘裕去思考、去思考輪迴的本質是苦，進而產生出離輪迴的心意。惟有投生在人這一道時，才具備成佛的機緣、有機會能得到恆久不滅的快樂。

世人都說無常苦，殊不知，苦亦無常

儘管苦有苦的正面意義，但我還是準備了救生圈給大家，以免你在無邊際苦海裡游太久，忘了如何上岸。這個救生圈，就是標題的那一句「快樂或不快樂的源頭是自己，非外在環境」。要知道，不管是樂還是苦，它們都是非物質的，存於你的念想中，心裡苦、嘴上又老愛訴苦的人，去到哪都苦，即便上天堂，也還是苦！

想要點亮心海中的快樂燈，其實有很多按鈕可以按耶！譬如前面說的靜坐觀想，也可以是寒冷雪夜裡的一杯酥油茶、斷食後復食的第一頓美味早餐、勞動運動後泡一個熱水澡、超忙碌工作後的一段小假期，苦跟樂的距離，真的有夠短，一念而已。苦有時、甘有時，嘗盡酸甜苦辣，才知人生有味。

快樂任務：我的快樂是……，寫下自己的五個快樂情境

即便人生再荒涼，你也有去過綠洲吧！小小的快樂，經過複習，也可能會變成足以支持你好好活下的強大力量喔！複習快樂，同時也是召喚快樂的有效方法之一。

我先帶頭寫幾個，比方說買到一個烤過頭的麵包，卻發現硬硬的麵包邊出乎意料的美味。還有就是，看到海、跟媽和弟弟去野柳。同事們一整天都很認真，一整天都沒有突發狀況要解決，真是太好了！念中學住校的時候，每週有一天能去鎮上吃一碗麵。正準備出門時，剛好雨停了。剛好五個了。換你了，你的快樂情境，又是什麼呢？

27 強化快樂迴路，用美好記憶寵愛自己

每天打開臉書，就會看到系統預設推播的一則動態回顧「我的這一天」，讓我看到去年或幾年前的今天，自己在做什麼。如果你是一個喜歡跟人分享好消息、有趣新發現，或是旅遊、美食、街拍照片的人，當你看到這則回顧，是不是會有一種懷念又開心的感覺？那就對了！我們就是要善用這種感覺，來滋養身心靈。

LIFE BALANCE

比保健食品更好用的是你頭腦裡裝的東西

快樂回憶對健康的正向影響力，不亞於你吞一堆保健食品或做一些高級的保養療程。幾乎不用花錢，也不用花太多時間，更不用東奔西跑，「快樂回憶」就是這麼好用的東西。

不知道你有沒有發現，身邊喜歡旅遊或熱愛運動的人，似乎比較豁達、比較不會鑽牛角尖，看得開、放得下的功力比一般人強。這是眞的，因爲他們身邊被許多喜歡的人事物圍繞，也有很多美好的回憶。看到家旁邊行道樹一棵藍花楹（Jacaranda）開了，就想

到之前去過澳洲布里斯本看過一整片茂盛齊放的藍花楹。在家整理東西的時候，看到浮潛面罩，心思立刻就聯繫上了沖繩與蘭嶼、大堡礁那些美麗珊瑚和可愛的小魚。就連放在家裡的單車，你不要以爲它只是放在那裡占空間而已，對於曾經騎著它上武嶺、環島的人來說，這是充滿正面意義的「戰車」，它象徵著健康、積極、榮耀和大汗淋漓後的暢快。是宛如獎盃一般的存在。

像我自己，喜歡蒐集蜂蜜跟木質類精油，藉由味覺、嗅覺的輔助，進入一個美好又放鬆的時空。檜木精油送我到森林裡、檀香精油帶我回佛寺。人的身體可能有時被公司、診所給侷限住了，但人的心靈隨時可以去旅行、修行，喚醒美好、重返幸福之境。

LIFE BALANCE

乖，別哭了，想想美味葡萄

就在你心靈外出「度假」時，你身體有些美好的轉變正在發生，比方說免疫系統優化、創造力與專注力升級、死亡荷爾蒙停止分泌、消化代謝恢復工作。我還觀察到，當人沉浸遨遊於快樂回憶中時，就連呼吸、心跳、血壓，都會呈現很平穩的數值。人體的設計，就是這麼奇妙。

我曾聽過一個爸爸安撫一個受外傷正等著被治療的小朋友，小朋友哭得歇斯底里，這時爸爸說：「不要想痛痛，想你最愛吃的葡萄。」縱使臉上還掛著眼淚鼻涕，小朋友立刻就安靜下來，很認真回憶起他吃葡萄的美好回憶，爸爸也很聰明，一直跟他聊葡萄轉移注意力，新鮮葡萄、葡萄汁、葡萄果凍、葡萄口味的軟糖……在這些甜美回憶中，身上的痛，似乎就沒那麼痛了。

人越緊張的時候，包含不舒服的感覺、痛的感覺，都會加倍強烈。能幫助自己放輕鬆的呼吸法、美好回憶回想法，平常要多加練習。以後打針就不用怕了。人一緊張，肌肉也會變得僵硬，硬碰硬，入針當然會痛一點，更嚴重有些人還會嚇到暈過去，連帶一起來的親友都被嚇一跳。如果有一天你必須接受治療或打預防針，建議採取接納、放鬆、感謝的心態，整個過程就會順利許多。

LIFE BALANCE

快樂難追憶？下面三招學起來

科學家們已經研究出來更快樂更幸福的方法，那就是用回想快樂事件去強化大腦裡的快樂迴路。幫忙喚醒記憶，我有三個好方法：

◎善用臉書動態回顧。前提是你發布的都是正向、有意義或有趣的內容。看到去年自己發的抱怨文、諷刺文，實在是對促進健康無益。不妨從今天開始，過濾一下，往後只流通好訊息吧！

◎**自製快樂筆記本**。這招是我跟重度旅行愛好者學來的，我看有些人會把門票、車票留著，貼在小本本上，紀錄旅行日常。蓋章、畫插畫的也有，還有去日本佛寺蒐集朱印的。筆記快樂，方法很多。

◎**身邊被喜愛的物品圍繞**。把你看了心煩的東西，收起來、送人、丟掉。把能激起你正向情緒的物件，放在顯眼的地方。人一天百分之六十以上的時間都是快樂的，你會更健康，身邊至少百分之六十的東西是合你眼緣的，你會更快樂。兩者相輔相成。

快樂任務・觀想一種你喜歡的水果

回想你吃它時候的滋味、口感。你都怎麼享用它，是剝皮、是切片、是冰鎮、是打成果汁？還是做成果昔？回想一下跟人分享這種美味水果時的快樂感受。它是什麼季節的水果？你在哪裡吃到最好吃的那一個？仔細回想種種細節。

如果剛好當令，那不妨實際動身去買來吃。實際吃的時候，假裝它是外星水果，用第一次看到它的心情，細細品嘗，為日後的美好回憶，提供更細緻的素材。

28 這樣期待不怕受傷害。畢馬龍效應

期待有兩種，一種讓你傷心，一種讓你歡欣，而且還更有力量。

傷心的是哪種呢？就是你去對人家好，以爲自己是在利他，但裡頭暗藏玄機。送一份禮、出一份力、給一個支持，然後暗自期待別人日後會報恩，甚至加倍奉還、說一些感激涕零的話，最好還能分成十集去天橋下說給眾人聽，讓鄉親們都知道自己是如何慷慨又多麼善良。否則，就覺得那個人忘恩負義、良心被狗吃了、「養你還不如養條狗」之類的。以爲自己是在利他？其實這樣還是屬於自私喔。

LIFE BALANCE

敲鑼打鼓有夠吵，學學春雨，那才叫典雅

利他本身是件好事，但如果動機不單純、有自私的成分在裡頭，即便你掏心掏肺，利得比誰都還用力，卻還是會有很多傷心的機會。出於無私去利他，一如春雨潤物無聲、船過水無痕這般瀟灑，就完全不怕會有傷心這種副作用。戀愛中的小情侶，愛的時候死去活

來，不愛的時候，由愛生恨，乃至後來變調爲恐怖情人，類似這樣的狀況，就是對於自己的付出抱有錯誤的期待，因而產生令人遺憾的副作用。眞正的愛，是解放，會讓人越來越輕鬆，而非束縛，讓人越來越緊繃的那種，叫勒索、叫綁架，不是眞的愛。

難道都不能有所期待嗎？人對未來沒有期待，那和鹹魚有什麼兩樣。當然可以期待啊！讓人歡欣鼓舞且生命力滿點的期待，我們稱之爲「希望」。這就是一種很正向的期待。比方說你今天、明天、後天、大後天，都日行七千五百步，你就可以期待，體力越來越好，心情也隨之飛揚。又或者改變用餐習慣，採取一種以多樣化植物性飲食爲主的飲食法，那你也可以期待，地球永續和身體變好這樣的好事將會發生。也可以是你送好的書給朋友，分享善知識，希望大家都一起開智慧，這，也是很棒的期待，期待著靈性揚升、豐盛圓滿，而這樣的期待中，還帶著祝福的意味。

LIFE BALANCE

活在當下，並且，訴說美好的將來

許多靈性大師都教我們要好好「活在當下」，但他們沒說的是，活在當下的同時，還可以對更好的自己、趨於良善的環境抱持希望、有所期待。有方向、好辦事，事情也才能辦好。正所謂「心之所向，美夢成眞」，尤其是你爲多數人利益來考慮的時候，這樣的心念，就充滿力量，整個宇宙都會聯合起來幫助你。有趣的是，若出於自私、只想到自己，整個宇宙都會聯合起來唱衰你，還附贈源源不絕的煩惱，叫人晚上睡不好覺。後者，請務必不要親自嘗試。

無論你對自己，還是對他人，表達出正向的期許與鼓勵，便會得到一個更好的結果，這就是著名的「畢馬龍效應（Pygmalion Effect）」。若老師一直跟學生說，你好棒棒，你太優秀啦，你是天才，被激勵的學生，還就眞能交出好成績。運用在企管上，主事者若常講激勵士氣的話來鼓舞人心，去肯定團隊成員的努力，自然而然，整體業績只會更好，很難更差。爲人父母、爲人導師、爲人主管，想要對方好，那就好好稱讚人家吧！這往往比打、罵、逼迫、羞辱還來得有效許多。一直責怪人家說：「你怎麼那麼笨」、「連我阿嬤都比你行」、「豬都比你聰明」……說著說著，小心得到一個豬隊友。萬一心之所向，惡夢成眞，那就糗了。日本人有「言靈（Kotodama）」之說，意思是言語也具有靈性、有影響力，所以在使用上不容隨便。確實是這樣沒錯，藏密的初階修行也有指引，不好的話別說，好的話別吝嗇說。當然，稱讚要符合事實，流於諂媚、誇張，那還是不夠高級。

善用期待，使它發揮正向力量而非毀滅力量，除了使用良善言語外，還有兩個方向可以來練習。

◎第一：練習健忘。出手相助，轉身就忘，不求回報和謝禮，也無須敲鑼打鼓到處宣傳，低調低調再低調。這樣的你，既優雅又帥氣，不但心裡輕鬆，頭腦也輕鬆，像這樣子的健忘、無所期待，還非常健康喔！

◎第二：練習埋下善種子。養生如同種花，要種、要養、要修，更要期盼。善種子可以是一個理念、一個態度，或一個習慣。選一個適合自己的美好生活習慣，一心不亂去執行，那你便可以開始期待於不久的將來，與最高版本的自己相遇。

放下昨天、過好今天、觀想美好的明天，我每天都在這麼做。願你同我一樣，一天好過一天，並且天天開心。

快樂任務：好好欣賞自己，真心稱讚自己

就算你是顆多汁香甜的芒果，還是有人不喜歡吃芒果的啊！千萬別嘗試去討好所有人，因為那從本質上來說根本就不可能。想聽讚美不用等，自己就可以當自己的啦

啦隊。

去開心裝扮自己，剪個一直想嘗試的髮型、穿上自認為帥氣的衣服。去欣賞自己的天賦，覺得自己歌聲很好聽、繪畫很有天分、煮飯很美味。去肯定自己的努力，比方說種瓠瓜種得很厲害，都不會長成菜瓜這樣。在合理範圍內幫自己讚聲，能得到更出色的結果，別淪於過度自戀就好。

29 能量提升，好命好運又不會生病

悟道的智者曾揭示：「一切唯心造。」相信很多人都聽過這句話。若眞是這樣，那爲何有些人似乎運氣總是特別好，心想事成的功力特別強，而有些人一再夢想著中樂透，卻從來沒有成功過？別說是好運了，就連幫自己阻斷衰運的方法都苦尋不著。

想當前面那種人，透過不求回報利益他人，累積福澤，自然而然，你心中有什麼願望，那都是很容易實現的。想做，從四面八方都會有人跳出來幫你。大原則是這樣。

開運不求人，自己看著辦

從細部來看，下面教幾招提升能量、提升運氣的方法。

◎**許願到位，細節必須思考周全。**假設今天你跟天公伯許願，想獲得「健康」，方向對了！有這樣的想法已經成功了一半。剩下另一半，就靠細節決勝，意思是沙盤推演、腦中兵推。

怎樣變健康？細部來想，是吃得更健康、活得更健康、運動得更健康。再往下想，吃多樣化顏色豐富的蔬果，這可以。放鬆更徹底、每天都至少做一件令自己開心的事，也很好。去學一套瑜伽、皮拉提斯、徒手增肌訓練，都對。最好再想想自己獲得健康之後可以幹啥？身材變好、精神變好、體力變好，要玩要工作要打老公都沒問題。我是說幫老公拍打加按摩，也都會很有力啦！

從前在佛寺我受的靜心訓練是聞思修。先聞，聽聞人健康很好喔、知道一些維持健康的方法，然後思，哪一種適合我呢？可以怎樣做？最後是修，連續瑜伽做它個五星期。有願望，還要思量細節，這樣才能有效幫你化爲實際行動，有行動，好的結果自然會產生。像是褲頭變鬆、人家都說我看起來變年輕，哈哈，好開心啊！

◎由外轉內，避免自利歸因。若沒經過訓練，絕大多數人常把成就歸功於自己，而將失敗歸咎於他人。這樣眞是太方便了，錯都別人錯，我永遠是對的。但這只是方便一時，採取自利歸因傾向，容易讓人誤判情勢、沒辦法成長。

避免故步自封、老是衰不完的窘境，不妨這樣想：一件事成功，要感恩、說謝謝，去思量這是萬事萬物萬萬人的協力，才合力促成這樣的好事。一件事失敗，要懺悔，反省是否自己有什麼地方不夠周到，又或許是時機未到，下次該如何改進。歸咎他人雖然輕鬆，但沒屁用。由外轉向內，連危機都能化為轉機。

◎用善良，淨化集體意識。不知你是否曾有過這樣的經驗，心裡剛想到某人，某人就剛好打了電話給你。或是，跟誰不用多說，你的意思他都心領神會。說感應也好，說默契也罷，心理學家相信，人與人的內心，都在深層的無意識世界（另一說是集體潛意識）中相互聯繫。不管潛意識還無意識，名稱暫不深究，重要的是概念，簡單來說，就是「一即一切、一切即一。」大家是一個整體、我們都在同一艘船上、同島一命、全球一命……接近這樣的感覺。

一個地區空氣汙染特別嚴重，當地住民的呼吸系統都跟著一起受累。某一時期綁架案件特別頻繁，好像犯罪會傳染一樣。網路上歧視、憎惡的言論發酵。集體意識沒搞好，個人在不知不覺中都會受到牽連。想要獨好，那不可能，只能大家一起好，共好，我們的生命才有盼望。

好運、好命、好健康，當然跟集體也很有關。好消息是，你不用當超人，就可以透過自身的修為、靜心、善心善意善舉，來拯救世界。穆斯林齋戒，做善事和窮苦人家分享食物，西藏高僧為人民與天地自然祈福、基督徒替全球疫情禱告，都是在做類似的事。永遠別小看自己的一個善念，或許你這涓滴善念，就是能令一缸汙水轉濁為清的甘露。把自己的良心照顧好，整個世界也會因著你的存在而變得更和善、更適宜人居住。

快樂任務：觀想一個對象，送他一份禮物，而他因此過得更好

亞馬遜（Amazon）創辦人傑夫．貝佐斯（Jeff Bezos）在一次公開演講中提到：「聰明是一種天賦，而善良是一種選擇。天賦得來很容易，而選擇則頗為不易。」避免聰明反被聰明耽誤、避免好心做錯事，是這回任務的目的。

沒經過訓練，一般人常常會做到「一個對象」、「一個禮物」就停止了。然而要真正產生好的結果，必須進行到第三步驟「他因此過得更好」，三步驟齊全才算完整。否則某人明明茹素，你卻送他臘腸禮盒，或是友人另一半剛辭世，你旅遊回來居然幫他帶了一對天鵝瓷器，類似這樣的窘境，都能事先避免。

30 調頻快樂，祈請音樂大神加持

有回在我家鄉香格里拉，朋友帶我去聽一名藏族女孩高歌。事隔多年，歌者的名字我已經給忘了，但她一開口，全場瞬間達到靜心狀態，或感動，或流淚，或安詳，或全然放鬆，這宛如進入天堂的美好體驗，我至今仍印象深刻。女孩解釋，她每天不間斷練習發聲，以確保自己所發的每一個音，都能和人身上不同的部位產生共振。一般人以爲是在聽一首傳統歌謠，事實上，卻好像幫全身上下做了一次紓壓排毒療程。一些困在體內的小情緒、小雜念，在聽歌的過程中，完全被釋放出來。

這體驗說神奇，其實也有學理依據。從五行屬性來看，中醫說角徵宮商羽五音，分別對應到肝心脾肺腎五臟。而西方的音樂療法（Music therapy）更是行之有年，例如演奏者曾到醫院爲二戰退伍軍人撫平身心創傷。以美好的音樂作爲一種輔助治療，效果往往令醫病雙方都很滿意。畢竟，比起打針、復健、吃藥這種辛苦的事，聽音樂當然是輕鬆愉快許多啊！

不應勉強自己習慣噪音，想法子降噪才是實在

預防醫學是一門幫人趨吉避凶的先進學科，若加入聲音元素來看，當然我們也能分辨出令人加速復原的和諧聲音，或令人加速煩躁的毀滅性聲音，各會對健康平衡產生怎樣的影響。

例如電影中「獅吼功」傷人於無形，而現實生活中的噪音，也會讓人心跳加快、血壓升高、壓力荷爾蒙狂分泌。疲勞、失眠、頭痛、焦慮、不安、消化不良，每個人會有不同的反應。工廠、交通工具、隔壁阿伯大唱雪中紅（難聽的那種）……這些噪音，大家都知道是噪音，會想辦法避開，降噪耳機、氣密窗、隔音棉，避開傷害的方法很多。

但去夜店跳舞、在過度吵雜的地方用餐、參加搖滾演唱會、戴耳機高分貝追劇，以及民俗噪音所帶來的傷害，卻常常被低估。若你是主辦人、主事者，希望你能開始意識到「噪音超過八十五分貝，長時間接觸會提高聽損風險」的這個問題。若你是參與者，那事情更好辦，當自覺耳鳴、煩躁、身體不適時，儘速離開現場即可。

還有一點要提醒，就像暴力不能解決暴力一樣，你戴耳機把音樂開得老大聲，想要掩蓋掉交通噪音，其實對聽力也很傷。還好現代噪音雖多，科技也很進步，喜歡聽音樂，耳

機要買好一點，除了音質較佳外，有降噪功能也是考慮重點。以上是避凶的部分，接下來講趨吉。

利用聲療降低痛苦安撫心情、校對身心靈平衡

化被動爲主動，既然已知聲音對人體健康影響甚鉅，你應該更有意識令自己經常沉浸於美好的共振頻率之中。海潮聲、海浪聲是首選，其他還有大雨小雨、瀑布、溪流的聲音都很讚，這屬於水系療癒。火系的比方說燒柴火、營地篝火，木頭發出的霹靂啪啦聲，仔細聆聽，也會有一種很溫暖的寧靜感。至於風系的聲音就需要稍微選擇一下，暴風、狂風的聲音令人緊張，但微風徐徐、風鈴聲、風吹竹林這種，就很舒服，請挑聽了覺得舒服的。不方便外出時，利用 YouTube 搜尋療癒音樂，各種大自然音頻，以及清除負能量的靜心音樂，選擇非常多，我發現，在激勵正向情緒、提高專注力上，許多古典音樂的效果都很不錯。

理想的音樂，還擁有這樣的特質：讓你快樂的時候更快樂，相愛的時候更相愛，悲傷的時候更悲傷？不是啦，是悲傷的時候得到安慰。要聽，就聽這種對身心有益的。依照個人需求，放鬆有放鬆的旋律，運動也有運動的節奏。踩飛輪、慢跑或做有氧訓練時，跟著

音樂動滋動滋，能讓肌耐力表現更佳、呼吸更穩定，心情上也更加愉快。不妨花點時間編選適合自己的運動歌單，提升運動時光的品質。

LIFE BALANCE

人身即樂器，內在療癒自己來

除了收聽外在的好聲音，別忘了，人的身體就是一個最讚的樂器，自己也能發出療癒之聲。比方說西藏出家師父常用到的 Om（嗡）、Ah（阿）、Hum（吽）三個梵音，對應頂輪、喉輪、心輪的位置，從頭部、喉間、心上分別發射出白紅藍三個顏色的光。此外，還可以試試我之前教過的印度蜂鳴瑜伽，上網搜尋「洛桑保健室　黑蜜蜂呼吸法」就能看到影片。想要放鬆大腦、提升記憶力、預防老人癡呆、緩解焦慮、晚上助眠，這招快又有效。

另外，我還錄製了三段藏傳心咒，分別是祈請智慧滿願的文殊菩薩心咒、健康滿願的藥師佛心咒，以及我每天都會持誦的幸福滿願綠度母心咒。我都放在我 YouTube 私人頻道上，搜尋「洛桑加參　心咒」就能找到。話說我小時候原本滿笨的，後來師父傳我文殊菩薩心咒並吩咐我天天念，幾千遍、幾萬遍，甚至累積下來可能都上億，就這樣天天持咒，有一天，我突然間豁然開朗，經文一下子都看得懂，辯經也開始能贏，真的非常神奇。現在，我也把這樣的法，傳給大家，歡迎免費訂閱與分享。

快樂任務：聆聽自然界的美妙音頻，靜心淨心

可能是因為社群媒體太流行，我發現大家出去玩，到了一個好地方，常常是先拍照要緊，擺姿勢、找畫面、鋪梗，好像有拍照就是有出來玩了。

這回，除了拍照之外，請你在山上、在海邊、在林間，暫時放下手機，去聆聽鳥囀蟲鳴、風聲水聲海潮聲。喜歡的話，再拿手機錄一段回家欣賞，或是錄下來發臉書跟朋友分享也是很好。別只會用眼睛看、拍照，加上聲音，錄下影像，享受就從二維升級到三維。

31 恢復本心愉快，刪除錯誤妄想

一如身體健康，心能感受到快樂、靈性澄澈光明，是你本來的樣子。

心常常走在身體前面，心碎、心生恐懼、心情低落、心裡被一塊壓力大石頭壓得喘不過氣來，怒氣攻心、怨恨心張揚跋扈……種種心裡的不舒服、不痛快，透過荷爾蒙的異常分泌，間接打擊到人體健康。或造成肥胖、中風、心肌梗塞的風險大增，也能使免疫力低落、失去防護功能。

LIFE BALANCE

非藥物的治療法，非常值得一試

想用非藥物的方式照顧自己，「心」是大藥。調伏自心，爲他人、爲自己升起快樂心，是很高級的保養法。恢復本心愉快，能預防持續性的壓力在身體裡面搞破壞。但要怎樣恢復呢？

讓我們來刪除幾個錯誤的妄想，讓煩惱憑空消失的方法，下面告訴你。

◎是愛，不是「I」。英文的我叫做I，「我只是要一個尊重」、「我想要……」、「我應該受到怎樣的對待」，常用這個I去衡量自己的「待遇」，那這個I很容易就變成「唉」、「挨」甚至是「哀」。要為自己的利益下一個決定，很難，左思右想「怕哪裡虧到」、「又怕被對方賺到」、「應該怎樣攻防才好咧」，煩惱會越來越多、越想越困擾。若為大我、為多數人的利益做決定，那就很容易啦，答案一下子明朗。

你用大愛去想、去看、去觀察、去下決定，等於是把所有阻礙你的「礙」一項項轉化為令人溫暖的「愛」。這才是真正的愛自己。看電影有英雄選擇用一條命換大家命的時候，我們都會哭、覺得感動，這就是一種愛，也是本心與生俱有的高尚品質。你本來就會的！請好好使用它。

◎是激賞，不是嫉妒。從前人家問我某某醫院、某某診所怎樣，驕傲心作祟的我都會說，「那不怎麼樣。」然後心裡還想，我才是好棒棒。「醜死了」、「也沒多厲害」……嫉妒心作祟，讓人看一切都是很糟糕的，這是魔心跑出來了。

靜下來，改用本心來看，世間一切沒有一個是不順眼的。你會發現很多值得欣賞的點，蒐集越多點，這些優點，將為你拼出一幅美好世界圖像，而你，自然身在其中。更棒的是，你欣賞的這些優點，還很有機會變成自己的優點。

◎是相互依存，不是對立。比方說人的心肝脾肺腎，就是相互依存的。臟腑相互支援、各司其職，便能維持很棒的動態平衡。如果有人今天少了一半的肝，雖無大礙還能再長出來，但復原期其他的器官可就要辛苦一陣子。沒有一個器官能獨善其身。人身小宇宙，同樣的道理，也能擴大到人與人之間、人與環境之間。

虛空中有一張巨網，線與線交錯的地方，都鑲有寶珠。你可以想像自己是這張巨網上的一粒寶珠，你這粒寶珠映照出網上其他寶珠，而其他寶珠也映現著你的存在，這就是著名的「因陀羅網」。理解到人我之間縱橫交織、重重無盡、層層疊疊、實爲一體這樣的關係，不妨就盡情去利他吧！反正最後自己也能連帶受益。捨棄獨好的意念，植入共好的想法，良善之地肯定有你一席之地。

◎是賺到，不是虧到。以前我們班上考第一名的同學，向來不是躲著自己偷偷念書。有人功課不會拿去問，他都大方教。教人、幫人不但不會浪費時間，還讓他繼續名列前茅。爲什麼呢？從腦科學的角度來看，吸收進來，還要吐出去，有進有出，記憶更深刻，理解力也會增強。

能力的寶劍，越磨越光，多做是福，多幫人一把不吃虧，反而賺到能力的精進。若是暗中幫人、低調不敲鑼打鼓的，那更是累積福澤、讓人心情愉快的好事。「給出去怕自己會虧」這是沒必要的妄想，心裡面不用有這樣的負擔。

好心情治病、壞心情致病，管好自己的心，即爲最佳的健康管理。

快樂任務・買一件NG品，發掘不完美中的美好

日本人對蔬菜把關非常嚴謹。嚴格到同一種類長短粗細乃至於重量都不能相差太多，長歪了、長岔了、長太胖，有點扭曲、有傷痕或表面不夠平整的，都會被打掉。有人心疼這些被淘汰的蔬菜，在透明外包裝上加上了表情圖案，再給被判出局的大根（白蘿蔔）穿上，原本不夠整齊畫一的這項缺點，轉化為姿態萬千的優點，No Good 大根變成 Very Very Good 大根，賣得嚇嚇叫。

接受生活中的不完美居然也可以很美好，是這回任務的目標。NG 麵包、NG 蔬菜、NG 不挑款特價鞋……，買看看，就算真的一個優點都挑不出來，至少，你還賺到了便宜。

32 活得快樂的勇氣，生而為人我很開心

身邊人事物有正面進展，這能讓大多數人快樂，但當進展停滯，甚至退步的時候就要哭嗎？喜怒憂思悲恐驚皆屬於正常情緒，別太超過，就不怕七情致病、氣機失調的問題。追求百分之六十以上的時間是快樂的，能夠做到且對健康有益，但強迫自己百分之百的時間都必須快樂，未免不合情理，況且七情中若單剩下「喜」一種，其實也算一種失衡。

人的一生固然會遇到許多「非快樂」的事，或令人難堪，或讓人生氣，但我更願意去牢牢記住一些快樂的情境，又如果這快樂情境的質量夠精純，不用多，只需要一點點，我便會說，生而爲人，我很開心！

若你決定喜孜孜、樂得吱吱叫，其實沒有人能阻攔你耶！當越來越多追求讓你越來越累的時候，何不試試越來越少，能不能令自己越來越輕鬆？又到底誰說一定要「五子登科（房子、車子、金子、妻子、孩子）」才有權享受快樂人生？你今天收到親友空投防疫物資，收到一個蔬菜箱，覺得自己是蔬菜大富翁，這樣的快樂，既踏實又滿足。又或者你展現「風雨故人來」式的貼心，主動去關懷他人，這樣的快樂，甚至能比收到禮物還要開心

兩倍。

各人有各人的生命時間軸，無法一概而論

各人有各人的時間軸，而所謂的「成功標準」其實也只是某人或某一群人的看法，沒有那種國定、法定標準硬梆梆寫在那，不好好遵守就會被叫去罰站舉水桶，沒有這樣的事。

自己心中沒有一把尺，直接套用別人的，把甲人、乙人、丙人的標準通通往自己身上加，那很快自己就被困死了。若是條魚，何苦跟猴子去比賽爬樹。人各有志、出處相異，各人有各人的特色，成長背景也不一樣，因此世間有很多的比較、計較，那都是沒有意義的。

研究人員發現，人若有正向的社交經驗，對預防腦部衰老很好，但可沒有說喜歡享受孤獨就一定會失智。如果你是像梭羅這種人，每天要獨自去林子裡散步四、五小時才會爽，那少花點時間去跟人群聚、聚餐，未嘗不是件好事。山東學霸說自己三十而立、四十而不惑、五十而知天命，那是他的時間軸，說給大家參考而已。其實你天資聰穎，想要二十開智慧、三十睡懶覺、四十救苦救難利益眾生，不也是很精彩？正因為時間軸、成

功標準，大家都不一樣，所以這世界才多姿多采的嘛！就不用強加什麼盼望在他人身上了吧！當然，「被強加」時自己也可選擇性接受或不接受。

我這樣做還不都是為你好，說什麼鬼話

想與人有良好的互動，類似這種「我這樣做還不都是爲你好」的驚悚片台詞要少說一點。「那，大家都不說話，一起在那邊拈花微笑就好？」的確修行到某一種程度，是可以這樣印心沒錯，無意義的話會越說越少。

但此時，我覺得比利時魯汶大學所提出的「芒果時刻」，倒是很適合我們一起來做。有名記者詢問臨終病人自己能爲他做什麼，病人的心願出乎意料的簡單，「想再吃一次芒果」，下回記者果然就帶了芒果給他。光想那情境，我就覺得畫面有光。好芒果不嫌小，無私送出小善意，在正確的時機點做出正確的事，便能帶給雙方皆擁有高品質的快樂。詩人說：「快樂你不能追它，你追著它，它就越跑越遠。」一點都沒錯，若追求的是物質上的快樂、五子登科式的快樂、滿足私利的那種快樂，快樂確實是會越跑越遠。

何不讓快樂追著自己跑？自私的相反是無私，反轉態度，就不是你追快樂，而是讓快樂來追你了。遇到好機會釋放小善意、予人小確幸的時刻，勇敢去做不要不好意思，時常

抓住這樣的機會，想不快樂都難，請務必親自嘗試看看。

快樂任務：挑一部感人的電影，偷偷躲起來哭一場

人不用一直假裝很快樂。真的不用。就連太陽，都不會一年三百六十五天露臉，更何況是人？心理學家向來對於永遠笑著的人有諸多揣測，認為他們可能自信心低落，也可能患了「微笑憂鬱症」。可不是嗎，永遠保持心情晴朗，大概只有仙人能做到吧！

雖然我主張用快樂調節健康，但並不贊同去否認、掩飾甚至是壓抑其他「非快樂」的情緒。對人慈悲，對自己也一樣要慈悲，沮喪、悲傷、失去勇氣的時候，希望你能更體貼對待自己，知道晴有時、雨有時，想偷偷哭一下，未嘗不可？找部好電影陪你吧！

33 從頭釋放你的快樂，腦內啡與催產素

負負得正，算數學的時候是這樣。但在現實生活中，你往心裡加一個負擔、再加一個負面情緒，心境上負上加負，得到的就是一個「慘」字。無論是悲傷加無奈、急躁加不安、怨恨加憤怒，還是冷漠加壓力山大……往上疊加，絕對是雪上加霜。

所幸，幫自己雪中送炭的方法我已經找到了，解答不在外面，在自己頭腦裡面。不妨先試試腦內啡，這是天然的止痛藥，它能幫助你度過難關、減緩不舒服的感覺。萬一腦內啡還不夠，催產素（Oxytocin）也給他調出來，它能幫你克服羞澀，同時對他人升起同理心和信任感。這麼好用的快樂荷爾蒙要怎樣才能得到？別急，先來說說腦內啡。

四招刺激腦內啡分泌，請你跟我一起這樣做

腦內啡屬於一種人體可自行分泌的類嗎啡物質，人遭遇困難、承受痛楚，還能繼續勇往直前、越挫越勇，除了你自己本身的毅力很厲害外，腦內啡其實也幫了大忙。有效的有

氧運動之所以能夠抗憂鬱，一部分也是因爲腦內啡的緣故。除了運動，腦內啡還能在什麼狀況下分泌？一起來看看。

◎**第一招，靜心觀想美好的情境**。這是我最常用的方法。你可以在走路時靜心，或採取傳統盤腿坐姿靜心，要走要坐，視當日心情而定。重點是「想一些好東西」，可以是宏大的心願，也能是家裡狗狗可愛的睡姿，想著以前去過的好山好水好地方，念著過去曾幫助過你的人事物，規劃理想的未來，領受身邊的小確幸。至少要達到嘴角上揚的程度，這樣的想，才有益於腦內啡分泌。

◎**第二招，洗澡的時候唱歌**。其實只要是開心唱歌，都能提高腦內啡水平。但防疫生活保平安，避免傳播，大家邊洗澡邊唱就好。況且浴室裡還有迴音效果，唱難聽一點、大聲一點，都不怕吵到鄰居。今晚，就來試試看吧！

◎**第三招，喜劇電影看起來**。追劇，不論悲喜，或哭或笑，本就對紓壓很有幫助。但現在說得是提升腦內啡，要笑才有效。笑著笑著，就把壞日子都過成了好日子。

◎**第四招，心存感謝，要不要說出來，自己決定**。這招是我的大絕招，謝意常放心頭、對人投以感激的目光，不但運氣會變很好，最棒是腦內啡跟催產素一下子補好補滿。別小看一個謝字，它不但能添福添壽，還對健全免疫、保護血管、提升記憶力等多方面皆有實質益處。心存謝意、表達謝意，請隨時隨地練習，這是健康勝利組成員的基本功。

三招召喚催產素，人人皆可享有的幸福

聊完腦內啡，再來說說神奇催產素。不是說非得懷孕生孩子哺乳才會有，男人女人甚至是你家的小狗，都能享受到催產素爲健康帶來的益處。

◎第一招，建立不分你我的親密感。一般來說，牽手、親吻、撫摸、擁抱都是傳統刺激催產素分泌的方法。在衛生條件許可、無感染疑慮的狀況下，你當然可以這麼做。否則，確認過眼神、用眼神傳達關愛之意，催產素一樣不會少喔！防疫新生活，大家不妨來練習一下，別用眼神殺死人，改用眼神溫暖人。練到隔閡消失、人我無界時，我們與樂的距離，就是零距離。

◎第二招，想要他人好的這種心情。體貼、體恤、展現溫柔，當他人生命中的小天使、活菩薩，你護佑別人，催產素就會保護你。幫人消災、幫人分憂解勞、幫人多想兩步，人不分陣營、事不分大小，有這心意最重要。溫柔力越強，自己的健康力也會隨之提升。

◎**第三招，人與人之間的正向交流。**說到實體連結，現在很多人都怕怕的。不如在空中、線上相會吧！你可以加入同好會，喜歡煮飯就加入烹飪社團，喜歡攝影、穿搭、園藝、流通二手物件……在臉書上都能找到相對應的開心小園地，善用社群媒體和有相同嗜好的人分享生活樂趣，這是新時代的眾樂樂法門。

天然的尚好。雖然實驗室裡什麼都能做出來，但說眞的，只有自己的身體最知道劑量輕重。比起外來的化合物質，自己腦中所產出的腦內啡、催產素，可說是效用最大、負作用最小的快樂良藥，請安心服用。

快樂任務：與好友分享家傳美味

家家有本難念的經，那，既然這麼難念，就別念了吧！把時間花在吃東西上面，不是比較開心？我相信，家家都有屬於自己家的好味道。祖傳咖哩、祖傳滷汁、蒸粿、炸什麼什麼卷、獨家配方的鬆餅、磅蛋糕，也可能是煮咖啡密技、很厲害的泡茶方法之類的。

自己弄來吃就已經挺開心的，再跟朋友分享，快樂又更加倍。互相交流一下家傳的美味食譜，互相切磋一下廚藝。若實在找不出任何一項家傳美食，那就自己新發明一個吧！「這是一個流傳百年的祕方，不過現在是第一年。」你可以這樣跟朋友說。

34 多買體驗，少買可有可無的東西

有回跟一位年輕媽媽聊天，「以前當小姐的時候，打扮自己很捨得花錢，現在錢都花在孩子和家人身上。」看她說得幸福洋溢的樣子，少買幾個名牌包似乎也沒什麼損失，反而把錢用在教育跟家族旅遊上，還比較開心！

「為什麼我們什麼都有，但就是不快樂？」「為什麼更多的財富，並沒有帶來更多的幸福？」當滿足基本生理需求後，因收入增長所帶來的愉悅感受，常常不如預期的那麼多。所以錢都不要賺了、工作也通通放下，一個人跑去荒島、跑去森林裡生活比較開心自在？拜託，我們又不是湯姆・漢克（Tom Hanks），就算漂到荒島也演不出《浩劫重生》的啦！像白雪公主一樣住在林子裡整天跟小鳥玩，等白馬王子來親親？那也要你老爸是個國王才行。

別為難老爸了，不用苦行，也不必含著金湯匙出生，你我都能確實獲得快樂的方法，現在教你。那就是：「從累積經驗值中，收穫快樂。」

LIFE BALANCE

不怕快樂稍縱即逝、隨時間遞減

買東西所獲得的快樂，會隨著時間遞減。但買經驗，比方說去旅行、學新技能、參加三鐵、報名健身課程鍛鍊身體、欣賞藝術表演所獲得的快樂，卻能隨時間遞增。尤其是你善用「回憶」這個方法，日後憶起當初因體驗所得到的成就感、新鮮感，與驚豔和感動時，那快樂，是加倍加倍在算的。常拖著行李箱繞著地球跑的人，應該都知道我在說什麼。

不是錢不能買到快樂，而是你有沒有買對東西。

怎樣叫沒買對？美國舊金山州立大學心理學教授瑞安・豪威（Ryan Howell）曾提醒大家，即便買到的是不錯的好貨，但如果是受他人影響，譬如說攀比、模仿名人，而非出於自己的主觀喜好去購入，人的內心也很難會有快樂的感覺。我身邊就有眞實案例。友人的同溫層都在用美美的鑄鐵鍋，於是他也添購了幾個，結果發現要開鍋、要保養，簡直麻煩死了，沒想到鍋子還重得要命，用著用著不小心扭了手，別說快樂了，還得多花一筆錢看醫生。

還有一種狀況也很尷尬，花錢像丟到水裡一樣，不要說開心了，囤在那邊每次看都還有點壓力，你該不會家裡也有幾件吊牌沒剪，但完全沒場合穿的新衣吧？仔細想想，打折湊件數、湊免運以為賺到，但買了不適合自己或完全用不到的東西，根本是虧到吧！身處這充滿誘惑的花花世界中，對折扣的抵抗力，還是得鍛鍊鍛鍊才行。

LIFE BALANCE

這樣花錢更快樂，還賺到健康

「花錢蒐集體驗，比蒐集物質來得更快樂」，許多心理學研究，都得出這樣的結論。如果又結合上利他，那更是美上加美，越花、越快樂，還有益於健康。

哈佛商學院教授麥可・諾頓（Michael Norton）在幾個「花錢與快樂」的實驗中發現，把錢花在自己身上所得到的快樂感，遠不如把錢花在他人身上。不管這個「他人」是陌生人還是熟人，不論你是幫助他就醫還是送他一個禮物，慷慨解囊的人，最終都能獲得相當程度的快樂。的確是這樣耶，同樣是買衣服，給我自己買，東挑西選看尺寸、比價，越買越眼花，覺得累。但買給我媽媽就不一樣了，寄衣服回老家，整個過程我都是開心的，就連現在回想起來，心裡還是高興。

總結一下，怎樣花錢才快樂？

◎爲自己買經驗買體驗。
◎把錢用在別人身上。
◎支持良善的人事物。

花在別人身上能得到快樂，條件是心裡可別想著任何回報，有所求到時候欲求不被滿足，反而換來許多傷心和失望，那就壞了當初的美意。

舊時文人常以清貧自詡，不屑銅臭，但我認爲只要心存正念，錢還是很好用的。花錢無需感到罪惡，如果你是用來支持一個好的事業、好的計劃、好的理念，甚至是一家好的餐廳、一家重視環保的製造商，那都是極好的。快樂賺、快樂花，用在對的地方！

快樂任務：從知識平台訂購線上影音課程或有聲書

幫自己買或買來送人都可以。學校沒教你的事，很多都是很有意思的事耶！訓練自己成為跨領域通才，不光為了賺錢更多一條活路，其實最重要的還是在自我實現方面，能更好的演繹生命。請選擇你最感興趣的那個，即便它很冷門，那也沒有關係。

不管在時間或費用上，比起進大學再拿一個學位、去念EMBA，購買線上課程相對花的成本較低，因學習而得到的快樂，卻不見得會比較少。花三、五百塊多聽一本書，花一、兩千元多知道一個理論，就像在無知的黑暗裡多點亮一盞燈。知識有光，有它罩你，永保安康。

35 快樂的心情像彩虹，每種顏色都有用

前些日子，我台北診所請來了許多「綠色醫師」，不是民進黨的醫生啦，而是高高低低的各種綠色植栽。

象徵自然的綠色，令人產生安心感

曾有醫護偶然間發現同樣是住院，有窗景的病人，常常都比四面水泥牆的病患早出院，這個意外發現，引起了專家們的注意，接著就是一連串測試、數據、實驗、觀察，最終得出結論：大自然眞正好！想早日康復，請多看綠色植物。這……，你是不是早就知道了。我們西藏人習慣是這樣，縱使有千百個不順利，只要在綠意盎然的神山腳下繞一圈，就什麼事都沒了。這就是綠色的奇蹟啊！

醫療機構很愛綠色，因爲這是一個能讓醫生減緩視覺疲勞，同時也幫助病患放鬆心情的好顏色。從萵苣綠、翡翠綠、松花綠到冷杉綠，特別是這些深色的綠，對恢復元氣、降

血壓來說，都是極好的。除了跟療癒有關的綠，下面我想來聊聊快樂的色彩。令人愉快的顏色，可以是單一色，也能是由幾種顏色搭配起來。苦尋快樂不得法？下面這三個方向，不妨思考看看。

◎**大面積換上輕柔顏色，解憂愁**。高明度、低彩度的輕柔夢幻色系，特別容易營造出輕鬆愉快的氛圍。科幻片在塑造上流場景、天堂般生活時，都大量使用了這類的明亮配色。若你時常感到低落、心情不美麗，換上淺色窗簾、重新粉刷牆面，或單純置換幾個居家擺件、改穿明亮色系衣服，都有助於舒緩鬱悶感。

不妨把顏色當作營養素來想，每個人需要的營養組成都不同，而適合、需要的顏色也是因人而異的，甚至還因季節而異。要怎樣挑呢？一個很簡單的方法是，你靜下心來，感受一下色彩能量，你靠近它時是比較愉快，還是比較厭煩、心情變糟，或是沒感覺。挑喜歡的那個就是了！

◎**刺激食慾還是降低食慾，你決定**。居酒屋跟薑母鴨、羊肉爐掛得燈籠都什麼顏色？八、九成以上都是紅色！沒錯，讓人食指大動的顏色，就是番茄紅。當然不只紅，橘紅、橙色乃至薑黃色，都能促進食慾。果實成熟會變紅，綠果變紅果代表可以吃了，老祖宗遺傳下來的開飯指令，至今我們仍深受影響。

「胃口不好，又急需營養補充」，幫這樣的人準備餐點時，不妨好好利用上述幾種顏色。但反過來，營養過剩、要減肥、食慾不想太旺盛時，什麼顏色有助於抑制呢？依序是各種紫色、靛藍、橄欖綠，不是眞餓、只是嘴饞，就讓這些冷色調來幫你吧！

◎奇趣又繽紛的極繁主義，大滿足。基本色、大地色系、黑白灰、藍白黑的組合在工作場合上，常給人一種專業、值得信賴的感覺。但對於我們這種擁有三種視錐細胞的尋常人來說，識別一百萬種顏色基本上沒問題，而極少數擁有第四種視錐細胞的四色型色覺者，甚至能分辨出上億種色彩。能看出來的顏色那麼多，若終其一生單單只使用幾款基本色，會不會太過「刻苦」了一點？工作時醫生穿白袍、法官穿黑袍鑲藍邊、企業公關穿黑套裝黑西裝，已經約定俗成不太好去改變顏色。但卸下工作過生活的時候，何不大膽一點、放開一點，在顏色堆裡找樂子。

你是否曾因爲換了一個鮮豔顏色的手機殼，握在手裡居然有種喜孜孜的感覺？或是走進店裡，挑了條以往不曾嘗試過的色系的圍巾，圍上它的時候感覺自己小小叛逆了一下而暗自竊喜？樂天泰國人大膽使用的那些顏色、熱情西班牙人每天都在用的那些顏色，或是你去遊樂園、糖果店，搭乘熱氣球、看著小販拉一串繽紛氣球……，看著看著，是不是都莫名歡快了起來？雖然說沒有了光，各種顏色它們其實並不存在，但太陽出來，我看見這些繽紛有趣的顏色、看見七色彩虹、看見行道樹搖曳著有層次的綠，我心生歡喜，這種快樂的感覺，確實是很令人心滿意足的。

若色彩能療癒人、帶給人或喜悅或滿足或放鬆的感覺，爲什麼不？平日太過保守的人，請嘗試在顏色上練習解放，而容易興奮太過躁動的人，則建議試試綠藍紫這類收斂色。回歸平衡，色彩是很好的助緣，不妨善加利用。

快樂任務：將生活物件依紅橙黃綠藍靛紫的順序排好

彩虹是雷神的弓，彩虹是人與神之間的橋樑，在彩虹的盡頭有祖靈、有寶藏，不管哪一支文化，大家看到彩虹都滿喜歡、滿開心的，多半賦予它正面意義。

把這最順眼的七彩光譜融入日常。你可以把你的生活用品，照彩虹七個顏色，按順序排好。衣服、襪子、書籍、收藏品、調味罐，一排雨傘、一列筆、一籃蔬果，甚至是你晾衣服的時候，都可以這樣排排看。缺顏色無妨，也可以紅橙黃綠四色這樣排，或是跳一色綠藍紫這樣。總之，按順序。缺色就跳過沒關係。這樣排好會怎樣？

其實也不會怎樣。應該不會有神明從彩虹裡跳出來跟你說哈囉。純粹就是為了順眼、好玩。誰知道呢？說不定周遭看順眼了，彩虹般好心情也隨之而來，那就賺到了！

36 養好體內植物神經，綻放花一般美麗

我們常聽到的自律神經系統（Autonomic Nervous System，縮寫 ANS），它還有一個可愛的別稱，叫做「植物神經系統（Vegetative Nervous System，縮寫 VNS）」。之所以稱為自律，是因為這套系統能自動自發，心臟怎樣跳、瞳孔什麼時機縮放、荷爾蒙如何分泌、什麼時間要睡覺，它都能自主把工作安排好、處理妥當，完全不用你操心。也正因為它有著不受人意識控制的這個特性，所以也有人習慣喊它植物神經。

LIFE BALANCE

生命之花的求救訊號，你聽懂了嗎？

不過，要是這套獨立又能幹的神經系統出了亂子，人會有什麼感覺呢？表現在頭，是頭重、頭暈、偏頭痛、注意力渙散、思緒卡卡不順暢。表現在肌肉，是肩頸僵硬、腰痠背痛、足底筋膜炎。表現在心肺部分，心悸、胸悶、呼吸不順、血壓不穩都有可能。皮膚上的症狀更是五花八門，敏感搔癢、慢性濕疹、慢性蕁麻疹、異位性皮膚炎、頑固性皮

膚病……每一樣都不好解決。其他還有像是睡眠障礙、消化困難和種種婦科問題，以及焦慮、沮喪、恐慌這類可能還被誤判爲精神疾病的症狀。

以上這些都是在提醒人，去檢視自己身體裡的這套植物神經系統，是否被你溫柔以待？還是你完全放任不管它、從沒關心過它？

若正確使用身體，植物神經出錯的機率微乎其微。但現代的便利生活、求效率的高壓生活，乃至於人的一些行爲、想法偏差，確實已對它造成不良的影響。植物神經自己不太會壞掉，人卻常常不小心把它搞壞掉。比方說活得過度認眞或過度不認眞，又或者令自己長期陷入哀慟情緒中，習慣性悲觀，與同儕競爭時太看重成績、太想要贏、每每要求必勝，與家庭成員相處不和睦、婚姻或感情出狀況而心生怨懟，以上這些，都會連累植物神經跟著你一起受苦。植物神經沒精神，生命之花終將漸漸枯萎。雖然不會一夕間凋零，但身體走下坡、體力走下坡、面容衰老等等，那是會慢慢慢慢發生的。

地水火風四元素齊備，能養好花也能養好人

植物神經失調症狀頗爲複雜，但好在，解決方法出乎意料簡單，可用非藥物的方式解決，不用花太多錢，而且自己就能搞定。祕訣就是：「你怎樣細心養花，你就怎樣呵護自

己。」掌握四個關鍵元素：陽光（火元素）、空氣（風元素）、水、養分（地元素），下面依序說明。

◎**火元素**。植物是看陽光、感受溫度在生活的，說穿了，我們體內的植物神經也是。我總不厭其煩提醒大家晒太陽，不只爲了獲得充足的維生素D，更爲了調節血清素與褪黑激素水平。被日光喚醒、太陽下山就休息，是正統作法。退而求其次，夜間工作者、輪值工作者白天可利用遮光窗簾幫助入睡，晚上可利用藍光保持清醒避免事故。反正就是有光清醒、沒光睡覺這樣的原則。說穿了很簡單，但大家晚上都愛看電視、滑手機，推遲睡眠時間，長此以往，植物神經肯定會抗議。權宜做法，臥房內燈光以柔和黃光爲佳，儘量不要給眼睛太多亮光上的刺激。

◎**風元素**。植物在空氣好、通風好的地方特別能展現出蓬勃生命力，人也一樣。假日勤快一點去山上去海邊幫肺部排毒，平常勤做呼吸練習，我 YouTube 頻道上有教一些，有空可以學起來。或是單純練習緩、慢、深、長、勻的腹式呼吸，這對恢復植物神經平衡已有莫大益處。

◎**水元素**。人會給植物澆水，但別忘了自己也要喝水。對人來說水是原料也是沖洗劑，舉凡血液、淋巴液、人體的各種分泌物，乃至於幸福荷爾蒙產出、細胞再生，都不能缺水。把你的體重乘以五十毫升，即爲你一天需要的量，我大約抓三千毫升，我每天都這樣喝。

◎地元素。園藝高手都知道怎樣幫花花草草施肥。養生如同養花，欠呵護的身體最需要哪種「肥料」呢？當然是能紓緩壓力，讓人心情變好的解憂食材，要好好吃一吃。我最推薦維生素C含量極高的芭樂，當然其他富含維生素C的蔬果也都很好，請輪流交替吃。至於鼓舞士氣的維生素B群，全穀物與深綠色蔬菜都是好來源。能活化免疫系統、預防癌症的硒，你在蘑菇和芥末子裡面可以找到。其他還有安撫不安的蓮子、安定神經提升睡眠品質的芝麻，和吃了會開心的香蕉，以及舒緩躁動的核桃，都是能幫助人體機能維持正常運作的好食材。

快樂任務：每天早上起來先喝五百毫升溫熱開水

陽光有助於交感神經和副交感神經換班，溫度也是。說人話就是幫助你舒服清醒，而不是被鬧鐘吵醒、匆匆忙忙趕出門。試想，宛如油門的交感、宛如煞車的副交感同時踩下去，又睏又急又累，用這樣的狀態開啟一天，人又怎能開心得起來？

早晨接觸陽光、慢條斯理喝溫熱開水、澆澆花、整理自己，上個廁所、梳洗一下，活動活動、看看新聞，愉快開啟一天，一整天，人就很容易維持好心情，身體也比較不會那麼疲倦。

37 沒有真正壞天氣，只有穿錯衣服的人

「沒有壞天氣，只有穿錯衣服的人」這是一句來自北歐的諺語。可能是因為同樣來自雪國，讓我覺得很有共鳴。

世間一切都能用來成就你的快樂，當然，也都能來成就你的痛苦。端看你的念想，把它們導向如何的結局。對世間萬物投以欣賞、感恩的目光，一場令交通中斷的大雪，能送我一份與世隔絕的寧靜。無染、無聲、無暇。天寒地凍時刻，俄羅斯人喝的伏特加會變得更加順口，而在我家鄉，暖心暖身最讚莫過於一杯奶茶。一樣的雪。遇上它的人若懷著「這不行」、「那不好」的心思，那就是出門不方便、又冷、又沒事幹、超無聊，總之沒一處好。大雪表示，我就只是雪而已，可愛的雪、討厭的雪，那都是你們人說的。

LIFE BALANCE

浸泡在自己的煩惱中，真理都聽成了歪理

一票人去晉見大師。有人印心笑咪咪走出來，得到滿滿加持與智慧啟發。有人哼一聲

說，「老生常談我也會講，這些我早就知道了。」「我還以爲多厲害，其實也沒什麼嘛。」不但一無所獲，還惋惜自己平白浪費了時間和旅費。

大師表示，大道至簡，道理、方法說穿了其實都不難。但人若長久浸泡在自己的煩惱中，自然是什麼都聽不見、學不會、做不到。

戴著沾滿貪嗔癡灰塵的煩惱眼鏡，看什麼都是髒的。而洗掉灰塵的這個過程，我稱之爲轉念、轉化。用科學語彙來說，就是再創腦神經元新連結。

什麼是眞正的衰人？浸泡在粗重煩惱迴路之中的人。確實是倒楣透了，因爲他不管遇見誰、看到什麼、聽見什麼，這些都會變成他把自我妄想合理化的素材，就算有人免費請他喝一杯飲料，他都能解讀成「我虧到了（爲什麼其他人都是一杯飲料加一個便當）」、「我被欺負了（故意買我不愛的口味整我）」、「我好慘（我糖尿病，不能喝甜）」、「我命好苦（爲你們辛苦了這麼久，竟只換來一杯飲料？）」。自以爲歹命的人，壞運連連，那也是很正常。

LIFE BALANCE

好命人的大腦迴路，和普通人不一樣

而眞正的好命人又是怎樣的呢？夠柔軟、夠靈活、夠幽默，總能笑得出來的人。這樣的人，他腦中的迴路可不是單行道，而是一張四通八達的網。確實是相當好命，因爲他不管遇見誰、看到什麼、聽見什麼，都會覺得很有意思。就連人家覺得的「吃苦」，換成他來幹，都變成是「吃補」。常對生命說「好喔」的人，好運綿延，那也是很自然。

念轉運就轉。腦細胞固然會老會衰退，但連結、迴路卻能不斷創新。你接受新的刺激、創生新迴路，使自己的行爲，乃至命運發生美好的轉變，可以透過學習來達成。學什麼呢？學著發現人事物美好的那一面。學著了解禍福相倚、吉凶同域。學著看懂禍福之間的轉化。如此一來，即便身陷窘境，也能一秒變笑談，被雨淋成落湯雞，卻賺到一件新衣服、獲得一段新戀情，如此這般幸運。

文末，傳你一個心法：自創豐足網，快樂不打折。

這句話什麼意思呢？簡單來說，就是「都可以」。隨順、隨緣、隨人、隨喜。不拿自己的力氣去跟境遇硬拗，大熱天還穿毛衣，熱到汗流浹背要死要活也只是剛剛好而已，不能怪太陽公公整你。又或者，你想體驗大太陽穿厚重皮衣確實很不舒服的這個感覺，也是可以的喔！就連剛剛說的那一場雪，你喜歡它、你討厭它、你不喜歡也不討厭它，也都可以。能夠理解我這段話的人，恭喜，你已經獲得無上的自由。

快樂任務：答應一件你以往會拒絕的事

人之所以會覺得無聊，是因為自己把自己過無聊了。在自己建立起的秩序中安然度過，也無聊度過。「我祝你所有願望都不會實現」得道高人高深莫測對著他的追隨者們這麼說。他是在詛咒人嗎？恰恰相反。他是在鼓勵大家去探索生命的每個面向、每種可能性。而在這過程中，人會得到、人會快樂、人會成長。

不去試，你永遠不會知道自己有多厲害，或多不厲害。反正出生時你連一條內褲都沒帶，不也都好好活到現在。這回任務，是去答應一件你以往會拒絕的事。這能有什麼損失呢？相信我，實際上，你從不曾失去過什麼。祝你玩得愉快。

38 枯燥日常，用儀式感與旅行感澆灌

好想去日本！好想去泰國！新冠病毒來攪局，身邊好多朋友因爲不能出國玩，都已經悶壞了。甚至有人開始利用Google街景服務，開電腦用滑鼠在逛街，走遍京都、漫遊巴黎。與其在那邊等什麼時候全球解封，不如自己先想辦法解饞。我覺得他們眞是太聰明了。

LIFE BALANCE

快樂不能等，也無須等

等等等等，等到有閒有錢、小孩拉拔長大、孫子念大學娶妻生子那一刻，才打算讓自己快樂？嘿，搞不好那時候自己都快要登出了。就算能一路玩到掛，也玩不了幾天，多可惜啊！現在傳一個令人天天開心的「七感快樂法」給你，願你快樂隨時有。是哪七感呢？眼耳鼻舌身五感，外加儀式感和旅遊感，總共七感。分述如下：

◎**眼**。就是你的視覺。大腦接收到百分之八十的外界刺激，由眼睛提供訊息，換句話說，做好視覺管理，對於調控情緒反應能有很大的幫助。所以，看點好的吧！山川湖泊、自然界的花花草草，是我的首選。再好的手機、再好的畫素，都不如直接去賞花，在陽光的加持下，你會發現很多從前不曾見過的顏色。好好欣賞一番，肯定能爲你帶來許多樂趣。

◎**耳**。這與聽覺、聲音，甚至和聽到的內容都有關。聲音的頻率不但能影響你吃飯的速度，也能改變你的心跳。有些餐廳想要翻桌率高，就放快歌，這樣大家不知不覺就能很快吃完。去聽演唱會的時候，搖滾樂、電音舞曲都讓人心跳加快，十分興奮。透過自己調控聽什麼，來平衡身心靈，這是絕對可以做到的事！比方說待會要上場比賽，搖滾樂先給它聽幾首，振奮精神。而交感神經太過亢奮時，就放一些舒緩沉靜的慢歌，收收心。

◎**鼻**。嗅覺。新冠肺炎流行時，大家一聽到嗅覺喪失，就覺得很恐怖。眞的，生活中有許多樂趣，缺少嗅覺輔助，那還眞嘗不出來。突然聞到一個臭味，不用生氣，反而要高興，因爲這表示你的嗅覺還是很靈敏的。嗅覺刺激有「快速通關」機制，它能直通大腦杏仁核，喚出種種美好回憶。有高檔飯店利用這個特點，特別商請國際大師調香做出專屬氣味，一方面做企業識別，一方面增加客人滿意度。我的美好味道是檜木，那你的呢？不曉得的話先從花系的一個個試，總能找到讓你心花怒放的那個。

◎**舌**。台灣是美食寶島，吃美食所獲得的快樂感覺，你們應該都比我這個山地人還要內行，應該你們來教我才對。怎樣品嘗我就不多說，這邊來分享一個很少人知道的祕密：即便你的身體對某某食材本來不會產生過敏反應，但若你心裡覺得這怪怪的、心存疑慮，「是不是沒洗乾淨啊」、「唉呀，好噁心啊」、「眞不想吃」，像這樣懷抱負面情緒去吃，很可能會消化不良、拉肚子、想吐，甚至起疹子都有可能。若懷抱感恩、愉快的心情進食，相對能令自己舒服許多。

◎**身**。在這裡我解釋爲觸覺。擁抱、撫摸、按摩，都能讓觸覺獲得正向刺激，不管是被動方還是主動方，都同樣受益。我常說的自他兩利其實一點都不難，幫人拍拍背、揉揉肩，這就是。

◎**儀式感**。用心對待生活中的瑣碎小事、使某一刻截然不同、以美感妝點日常……都算是。學過插花、會品茶的人，應該都是高手。「幹嘛要搞這麼麻煩？」因爲好玩啊！不好玩的人生，跟鹹魚有什麼兩樣。手寫賀卡、擺好餐桌、貼春聯、送朋友一程、撕日曆、用漂亮的杯子喝氣泡水、達成目標的時候替自己買束花、奪牌的時候喝杯珍珠奶茶……你有自己的快樂儀式嗎？還沒有的話，幫自己創幾個吧！

◎**旅遊感**。眞正會玩的人，不一定要出國，也能自娛自樂。像我一開頭說的用Google逛大街，就是一招。也可以是你本來開車上班，現在改騎單車、走路或搭捷運，交通工具變一變，看到的風景就不會千篇一律。想要有快樂旅遊的感覺，一個深呼吸、念頭準備好，自踏出家門那一刻起，你就開始了你的壯遊。抱持這樣的心情，即便只是外出採買日常所需，也能開啟一段華麗大冒險。

快樂任務：懷抱出遊心情，在自己居住的城市中旅行

住在尼加拉瓜大瀑布周邊的人，很多都沒去過尼加拉瓜大瀑布，怎麼會這樣？因為親近生輕慢！輕慢心跑出來了。不只對自己的親人會這樣，對離自己很近的世界級景點，也會這樣。因為近、因為唾手可得，就覺得那沒什麼。

換掉「那沒有什麼」的心情，改說「好像很有意思」，你家附近還有你沒造訪過的景點嗎？買張票進去參觀吧！

39 幹嘛那麼麻煩？不喜歡的刪掉就好

我們都當過學生、考過試，回答過無數的選擇題。有認眞唸書的時候，可以直接選出正確答案。而不怎麼確定的時候，靠著刪去法，刪掉一些荒謬、故意引人上當的選項，也能得出答案。

演繹生命也是一樣。

LIFE BALANCE

成為自己的解答，別成為自己的麻煩

我期盼你能活出自己的最高版本、活出自己最中意的樣子。但不執著於生活方式（Lifestyle），因爲這是隨時可能變動的。而是把焦點放在生命（Life）的本質上，這才是最珍貴的。用英文來看更清楚一些，重點的是「生命 Life」，而非「方式 Style」，生命才是根本，而 Style，是加上去的，是加在 Life 後面的。生命只有一個，而生活方式，因地制宜、因時變遷，它能有千千萬萬種。若生命本身黯淡無光，縱使你的「方式」再如何別出心裁、再怎樣引人注目，人也很難眞正開心起來，甚至還會有一種無根的飄蕩感，半夜裡覺得空虛寂寞冷。

而當你願意時常愉快生活著、朝氣蓬勃生活著，並全然將自己投入生命之中，別說自律神經平衡了，你身上的地水火風空五元素，甚至在你的免疫表現上、荷爾蒙分泌上，都會非常非常完整、健全，甚至比正常，還要更高一級，也就是「超級好」的意思，這是已經得到科學驗證的事實。

回望本心、歡快實現初衷，是身處亂世中的解答。

生下來前的契約，其實你早已寫定

初衷也就是天命，換句話說，就是你投生到地球上的「契約書」，當你還是靈魂時，勾選了一些體驗項目，也跟其他靈魂約好，會在彼此的生命中出現、扮演某個角色。可能演貴人，可能演負心人，就看你契約怎樣約定。

從前，只有很少一部分人，天生就很知道自己的天命是什麼，包含五歲能抬頭的神人、轉世的活佛、乘願而來的菩薩等等。現在早早就憶起天命的人，越來越多，但仍算是少數。初衷暫時不明朗沒關係，不用急，就連山東學霸也是五十歲才知天命。而且早知道晚知道，其實都沒差，只要能清明的活上一刻，那這趟人生就很值了！

想看玉米長怎樣，剝掉玉米葉、玉米鬚，去除梗，才知道玉米原來是這種一粒粒的東西。想知道寶玉長怎樣，剖開石頭、拋光打磨一番，才知道玉石成色如何。本心如同玉米粒如同寶玉，在你剝掉層層「虛妄之我」後，它才能顯現出來。

LIFE BALANCE

找自己有方法，六招陪你看見本心

爲了超級好的健康狀態——身心靈平衡，去釐清自己的心意是必須的。當你愉悅、快樂、朝氣蓬勃的時候，表示你正在實現自己的生命藍圖。反之亦然，當你低落、不滿、怨氣重重的時候，表示你正背離生命軌道。平日裡可以用這個大原則自我檢視。

下面提供幾個「找自己」的方法，祝福你與最高版本的自己，早日團圓。

◎**儘可能順從自己的心意去做選擇**。關掉人云亦云的雜音、刪掉三姑六婆和隔壁老王不切實際的期待，適時改變生活方式，從過時的規定中跳脫出來。

◎**多嘗試多體驗，才有選項可以刪**。好比第一次去冰淇淋攤，試吃了幾種口味後，才能決定哪種口味最喜歡。不試，人生又如何展開？莫問前程吉凶，但求落幕無悔，來到你身邊的人事物都是有意義的，即便你不喜歡，這「不喜歡」本身也是一種意義，就好像一種你不喜歡的口味的冰淇淋一樣。下回再來冰淇淋攤，不選它就是了。

◎**刪掉抗拒，靜心面對逆境和挫折**。磨你的人同時也是成就你的人。開鑿、打磨、拋光的過程，老實說，誰會覺得舒服啊？又不是被虐狂。但請別抗拒。歷經千錘百煉，光彩眞實的生命樣貌終將完全顯化出來。

◎**刪除我執，連同攀比、嫉妒、憎恨一起打包丟掉**。受這些亂七八糟的垃圾屏蔽，本心的光芒很難被看見，連本心內建的智慧導航也起不了作用。不要猶豫、通通丟掉。

◎**刪掉盲從，要勇敢**。多數人在做的不一定就是對的，錯誤的，說一百遍、做一千遍，它還是錯的。做對的事！良善、正直、有意義的事，即便只有你一人在做，請勇敢堅持下去。

◎**刪掉可有可無的雞肋與沉迷**。看影片、玩手機遊戲，本身沒有好壞可言。你有意識去挑節目來看、醒覺去下載遊戲來益智，主控權在己，這完全沒問題。但被推播置入，接二連三看影片，或大腦報償系統淪陷，造成玩網路遊戲成癮，那就是給自己找麻煩了。可以玩遊戲，但別被遊戲玩。

逐一刪掉錯誤選項，生命樣貌將越來越清晰可見。

快樂任務・設計一個自己專屬的打氣手勢

「我也知道要努力、要保持正向心情，但就是很難做到。」很多人跟我反應過這個問題。有一個小撇步，不妨試試看：利用身體姿態來導引情緒。

簡單來說，就是「姿勢決定你心情」。越低落越要大步走、輕快走。雙手握拳做一個加油的動作，也能很好的一掃陰霾。請觀察奧運選手擊出好球時，或是日本冒險漫畫裡勝利者的手勢、姿態，都是怎樣的呢？呵哈連心，配合「呵」或「哈」的大喊一聲，效果更好，只要別突然嚇到隔壁老王就好。

40 快樂相對論，甘居下位海闊天空

想不想讓出現在你身邊的人，都是好人、都是天使、都是菩薩？沒有事情可以讓你生氣、沒有人需要你去對抗，這種天下莫敵的感覺有多好？快來體驗行者無疆、走到哪都人見人愛、左右逢良緣的新生活吧！

說到提高生活品質、提高健康品質、提高善良品質，確實有個藏傳良方能幫你達到這些目的，那就是「下位美學」，意思是禮敬他人為尊。當人願意把自己放到最小的時候，外面的世界突然間就變得無比開闊、令人舒暢。

LIFE BALANCE

自謙非自貶，兩者要分清楚

這並非叫你小瞧自己、看自己沒有，覺得自己很差、很弱、很糟糕這樣。相反的，唯有眞正有自信的智者，才能謙遜甘居下位，並在這個「謙」中，持續受益。

把自己看得很厲害，認爲別人懂得都不如自己多，這是醫生常會犯的毛病，傲嬌、自大、自滿、自以爲是……說從沒這樣想過，那是騙人的。所以我每天都會提醒自己，與人往來，要從內心深處把自己降低，禮敬他人在上位。由此培育出的快樂、慈悲和善良，常能得到好的結果。

再來看看「先生」、「小姐」這兩個稱謂。先生先生，你先我而生，所以你說的話我願意聽，大的梨子給你吃，我年紀小吃小的就可以了。也有些人喜歡直接稱對方爲「哥」或什麼什麼哥，那又更親切了。見女性喚聲「小姐姐」，再更禮遇一點，稱「大姐」的，也很常聽見。不過後來我有發現一點，女性似乎天生就更懂謙虛、擁有海量的心量，不像男性常常患上「自尊心肥大症」，需要人吹捧或尊崇。所以不稱小姐大姐，改叫妹也是可以，聽上去還更年輕一點。

不顯不露不爭而善勝，帥呆了

仔細想想，許多煩惱的根源，常來自於需要別人尊重自己，你應該對我怎樣怎樣、你應該把我捧上天、你應該要尊重我、你應該要聽我的話，求認同、求讚美、求掌聲，很多都是缺乏自信的表現。浩瀚海洋不求不爭，只是把自己放低，就順理成章成了地表上最大的水域，還沒有人會有意見。不與人爭，反而匯聚一切，這就是海洋爲我們展示的下位美學。

除非聖賢，尋常人難免一時氣憤、傲慢、嫉妒、噴火、聽不進人話、看不見眞理眞相，但這時的自己快樂嗎？好像不怎麼爽快。比貪吃還麻煩的貪愛搶居上位、貪愛名聲……還會營造出一股不愉快的社會氛圍，拖著更多人跟你一起心情不美麗，增加社會上的不快樂成本和敵對情緒。爲這樣的鳥事糾纏不休，那眞的是很沒必要，也很浪費時間。

LIFE BALANCE

比射箭、比誰對經文了解更深，這可以比

眞要爭，只有兩個地方可以爭。運動競技跟辯經的時候都可以爭，這兩種爭，一點都不礙事，還能越爭越進步、越辯越明朗。前者是身體素質與身體使用技巧上的相互切磋，後者屬於靈性上的相互啟發。

至於爭一個名分地位、爭一個「我比較高級」的這種爭，倒是爭得有些莫名其妙了，還不如先喝三杯水，讓自己冷靜冷靜。爭字加上三點水，變成「淨」，心上灰塵都洗乾淨了以後，便很容易看清：「傲慢源於淺薄、狂妄出於無知。」難怪有智慧的人總歡喜尊人一聲「先生」，你先我而生，那麼你先用、你先來、你先請……，我都是很OK的。一派祥和，多好啊，這是。

除了老派典雅的「先生」稱謂，換稱對方「老大」、「前輩」、「長官」、「老闆」、

「老師」、「大師」、「大佬」，或縮寫「大哥大姐」爲「大大」，又或者用日文發音叫「阿尼基」，我覺得也都很可以。當你心中有大便，你看任何人他都像大便，好在，心中有佛，則人人皆佛，心中有善，則無處不善。

當人願意去禮敬他人爲尊時，自己眞的會變得比較低賤嗎？我能肯定告訴你，不會！一點都不會！反而能爲自己迎來最眞誠的尊重。

快樂任務：尊動物為師，跟狗狗貓貓學一招你不會的

我養過一隻很會笑的柴犬，怎樣笑得很有福相，我是跟他學的。動物身上有很多厲害的地方，尊他們為自己的導師，肯定能學到東西，還不用繳學費，多好！跟貓咪學瑜伽、跟水豚君學淡定、跟天竺鼠學俏皮可愛、跟雪山獅子學怎樣活得瀟灑又貴氣。

想要心血管更健康，學狗狗每天都搶著去散步這樣。想要睡得更香甜，觀察無尾熊是如何睡得無憂無慮無法無天。學吧學吧！以動物為師。貓禪師、狗大師，都在你身邊。

41 家事療癒術，增肌健腦搏開心

用各種方法做家事，連帶大腦多個區塊包含運動區、感官區、情感區與學習認知區，都會一起活化。葡萄牙與德國的學者都發現，身體先動起來之後，學習新技能的速度會變快、專注力也更持久。

LIFE BALANCE

新時代別用舊思維，先動再學效果加倍

老一輩家長爲了讓小朋友有好成績，常會說「你只要負責把書讀好就好，其他的不用你操心」連家事都可以免了！而擁有新時代科普知識的爸媽，已經能理解「先動再學，效果加倍」的原理，多利用機會勞動雙手，是好事情。換做是成年人，養成腳勤手勤好習慣，則對預防失智症十分有益。

能勞動是福。你去觀察那些很愛做事、樂於爲他人付出的老人家，再去看看那些整天坐著，飯來張口茶來伸手，等著人伺候的長輩，哪一個比較快樂？哪一個讓人覺得和藹慈

悲好親近？很多時候，是前者！科學家拿老鼠做實驗，分兩批，一批給他們滾輪可以跑，一批讓他們閒閒沒事幹。一段時間後，滾輪組老鼠大腦裡增加了許多新生血管，這意味著他們能得到更多氧氣跟營養。至於沒事幹那批，則是血管萎縮、認知功能下降，還有點悶悶不樂這樣。

成天召喚工具人，自己很快就沒戲唱

老婆老媽老闆叫你去倒垃圾、叫你去跑腿、叫你幹一些粗活，不用不爽，反而要開心，有機會活動運動勞動，你的血管會新生、生長因子能活化，頭好壯壯不憂鬱，一動解千愁。我們常聽到人家說誰誰有王子病公主病，不是公主只是有病，小心，明明很能動卻要耍懶，得的很可能就是腦部的各種退化性疾病。

爲增肌健腦家事療癒更添樂趣，來試試下面幾招。

◎**換手做做看**。你我都有慣用手，偶爾，換另一手試試看。比方說換左手擦拭刷洗、用非慣用手扭開瓶蓋。習慣左手提重物的人，改換右手提提看，藉此鍛鍊一下平常很少用到的肌肉。

◎進階棒式，訓練核心。不管是健身還是復健，核心肌群的強化都相當必要。基礎棒式練到無聊了，你可以試試三點不動一點動，兩腳加一隻手撐地，一手拿抹布擦地板。痠了就換手。臀部夾緊、肚子收緊，效果更佳。

◎省電省水衣服改手洗。藉由活動十指，刺激大腦皮質、促進大腦血液循環，對於腦部疾患的預防，現在逐漸受到醫界重視。我推薦手洗衣服這招，不用每次都出動洗衣機，少量或精緻衣物改手洗，還能順便省水省電。此外，活動手指激活大腦，你彈琴、玩魔術方塊、編織、幫人按摩、幫狗梳毛也都很好，儘量各種方法輪流用，用不同的方式去做刺激。

◎做料理加上擺盤。生活要活出儀式感，擺盤可以來練一下。一開始沒有頭緒，不妨參考美食雜誌、食譜書籍或教人做料理的影片。吃得多不如吃得好、吃得巧、吃得美。蛋包飯用番茄醬畫上笑臉，把飯糰捏成兔子形狀，吃來將更有食趣。

◎深蹲洗碗，墊腳尖取物。我一些愛運動的朋友，連刷牙、等紅燈都可以拉筋。如果你夠高，那洗碗的時候順便深蹲練大腿，未嘗不可。至於墊腳尖取物、擦拭櫃子、晾衣服，也都很好。墊腳尖的時候小腿會出到力，小腿是人的「第二顆心臟」，強化這裡的肌肉，能幫助下半身血液打回心臟。

家裡上上下下，都是你的健身房。在家做事同樣也能健肌健腦，能工作是福，能勤快勞動，也是福。

快樂任務：保持玩心，在自己家裡旅行

兒時與同伴玩耍，幾顆石頭疊成堡壘、幾根樹枝圍出城牆，一下子騎馬打仗，一下子叢林探險，只怕時間不夠玩，從沒有人會覺得無聊。

失去想像力是初老的警訊。趁還來得及，我們一起來「逆齡」，把想像力、創造力、感受美好生活的能力全都給找回來。這次任務地點在你家，請在自己家旅行（不是爬枕頭山喔）。我先帶頭舉幾個例子，像是在燭光下享受帶有異國風情的晚餐、看著環法自由車大賽影片騎飛輪、假裝自己正在參加渡假村裡的手作課程、把陽台布置成發呆亭、在家開賽車、在客廳露營，以為自己到了日本，用茶道的方式品茶。不一定要照我的，手邊有什麼你就怎麼玩。

疫情嚴峻時我有個朋友很有警覺，除了採買，天天閉門不出，明明他以前全球飛來飛去十分活躍，我就問他：「你不悶嗎？」他說，「不會啊，我每天都在玩！」只要玩心還在，人就不怕變老。

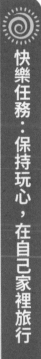

42 成為念想管理大師，說正語

不經訓練的大腦，一整天所冒出的負面念頭能多達數萬次。當我說「心如工畫師，能畫諸世間」時，就有人舉手，「沒有啊，我想的都沒有實現。」或是，「一切唯心造沒錯啦，不過要想超久才能造出來。」造成願力薄弱的原因之一，就是你確實有想了兩、三遍好事情沒錯，但卻不自覺浪費掉更多、幾萬次的念想，去想一些有的沒的。

好習慣的養成、好事情的促成，不是不會發生，也並非很久才能成功一次。但除非你是高僧活佛轉世，又或是心腦效能天生超乎常人，否則，想要天天都有好事發生，管理、馴化你的念想、說正語，是基礎必修課。

學著說真實、有能量、良善又中肯的高級語言

正語是什麼呢？就是正派人說的有意義的好話，但不是口蜜腹劍、甜言蜜語那種假惺惺的「好話」喔。正語是正面語、真實語、能帶給人力量與寬慰的話語。還有一種能弭平

紛爭、消滅恐懼、化解衝突的正語，這是最高級別的正語。

人的筋骨要是受傷了能做復健，而大腦受傷了同樣也可以再度恢復健康！我這裡說的「傷」是指被負面思惟包圍攻擊、腦神經元連結老愛串連到負面觀感的這種傷。人若不幸常常接觸衰事、眼見耳聽都是壞消息、得和情緒暴力之人共處，腦裡帶點「傷」，那也很正常。請定期幫自己復健療傷，預防退化現象提早發生。

療傷的方法很多，而其中，說正語就是很有力量的一種。

腦神經元連結與肌肉一樣，都是用進廢退的。暗黑系、負面悲觀、低落不滿的迴路，我們儘量不要去使用它、激活它。而富有創造力、幽默風趣、明亮光彩、祥和安定、幸福快樂的這些連結，我們則要經常使用它。說正語，即是在強化這些正向連結。

口中如含斧，能造物，亦能傷己傷人

長舌毒舌愛抱怨之人，浪費大量念想道人是非、說三姑六婆語，以爲這是在和朋友、鄰居交心，是在幫自己紓解壓力，實則恰恰相反。研究人員發現，當人嚼舌根時，不但不會比較放鬆，反而會刺激壓力荷爾蒙皮質醇分泌。皮質醇太多人就老得快，認知功能也容易衰退。

暗黑語一旦從人口中噴出來，就很容易在腦中留下足跡，講越多次，想越多次，一再強化這些負面連結，便逐步將自己形塑爲受害者。人一旦以受害者自居，相當於是在跟各種退化性疾病結緣。

想維持健康平衡、想把壞日子過成好日子，話必須得好好說。管理念想、管理腦神經元迴路、管理自己想要的人生走向，少說廢話、閒話、沒有意義又顚倒是非的話。改說誠實語、正直語、智慧語，予人安慰、消弭紛爭、令人愉快、莞爾一笑……這些自他兩利的正語都是很好的。

珍惜生而為人，好好說話好好使用語言

跟微生物、昆蟲、魚類和動植物相比，人擁有相當進步的語言表達系統。有名字可以互相識別、能說能寫能代代相傳，能講歷史故事、能描述現在、能述說將來，雞大媽和豬小弟完全沒有這種能耐耶。是說人類擁有寶貴的說話能力，這能力若用來使人傷心、互相攻訐、挑撥離間，或用在一些沒意義的無聊廢話上，豈不是很可惜？狗罵狗，頂多汪汪兩聲，造不了多少惡業，但人的語言表達如此豐富，萬一講話亂亂講，造成了不可挽回的後果，那眞的是很糟糕。

口出惡言辱罵人，人笨才會以爲自己眞占了上風，殊不知，謠言、衝突，皆止於智者。安忍的智者，才是眞正贏家，和受人敬愛的人。

把語言當良藥，莫當武器。永遠都要這樣提醒自己。

快樂任務：細心求證，終止一個謠言

這回任務有危險性但沒有時間限制。不用刻意去找謠言來終止，而是某天當你聽到某些話好像哪裡怪怪的時候，小心求證，確定是謠言之後，終止它、切斷傳播鏈，避免它繼續散布出去。

當你知道你這樣做可能幫了一個店家、一個人，或一個團體時，心中所升起的快樂，是很高品質的快樂。撥亂反正難度不小，但收穫也很大！

43 離癌重生心鑰，快樂加持

因肺腺癌、乳癌、風濕免疫疾病來我診所的人不少。檢查出癌症，他們常會這樣跟我抗議，「我生活很正常啊，早睡早起。」「我都吃有機吃素吃得很好耶！」「我每天爬山運動，不菸不酒不吃檳榔。」講了一堆好習慣，最後問一句，「爲什麼是我！怎麼可能是我！」讓人聽了很不捨。

慢性病的成因都相當複雜，癌症也屬於慢性病的一種，從一些人沒注意到的小地方，慢慢累積成疾，某一天突然檢查出來，確診罹癌，錯愕、否認、不肯接受，這都是人之常情。不同的癌，有不同的危險因子。比方說口腔癌，長期嚼檳榔、口腔潰瘍、發炎，就是一個危險因子。或是說肝癌，可能從脂肪肝、肝硬化慢慢演變而來，壓力大打勾、酗酒打勾、處於汙染環境中打勾、吃到有毒的化學物質打勾，這每一個勾，都是肝癌的危險因子。

這個最危險，千萬別打勾

危險因子百百種，但有一項，幾乎所有人都打勾了，那就是「不良的情緒、缺乏愛」。在我來看，這樣的心靈毒素，對健康的傷害程度，不亞於霧霾和重金屬。心靈毒素，跟肝臟、血液裡的毒素一樣，都會累積，不知道怎樣淨化、排除，等超越臨界線，顯化出來就成了各式各樣的慢性病。

從罹癌到離癌、離開癌症，除了把自己接觸到的危險因子一一解勾外，人還得懂排毒、學放下，讓你的新生細胞，比舊的還好，汰病換新這樣。你覺得人越老一定越衰退嗎？大部分人給我的回答「當然啊，老了就弱了、就病了，然後就死了。」事實上不是這樣，死是一定會死，但弱了、病了，倒不一定。有個很厲害的教授，年輕時啤酒肚，標準代謝症候群，後來轉化習性、習氣，八十多歲心血管狀態測出來，居然不輸自己二十多歲的學生。可以說，他學會了照顧自己的方法，得到了一次重生。

加持就是轉念，往好的那面轉

西藏人最喜歡的一件事，就是親近大師，去接受加持。「加持是什麼？那可以吃嗎?」「是把什麼神奇力量從頭殼灌進去嗎?」對,把智慧灌進去,加持的意思是「轉化」。若你願意轉轉心、轉轉念,很多事情,包含病情,都會出現轉機。

不要說癌症病人了,一般小痛小病的人,常常都是因爲心裡有很多不平衡,寶寶心裡苦,但寶寶不說這樣。若你願意轉化、願意開始試著放下,那其實,很多病基本上一半就好了。剩下一半,你可以交給醫生、交給最先進的醫療科技,你還可以找教練練身體、親近靈性大師學習各種放鬆技巧、跟樂觀幽默的人多多相處……不斷優化自己的生活型態、提升靈性素質。永遠記住,你不是一個人。包含我,很多人都可以一起來幫你。但最重要,你也要願意幫你自己。天助自助者,恢復健康,並非不可能。

由愛生恨?真正的愛是大慈悲

感性的人常說,「愛得越深,恨得越深」。何嘗不是呢?跟陌生人你還可以說說笑笑,但跟自己最親近的人,常常有很多宿怨,像宿便一樣卡在那裡,讓人尷尬又不舒服,還毒害全身。

其實啊,對醫生和護理人員來說,宿便的問題還好解決,很多方法可以把它弄出來。但人心裡面的宿怨,就不是吃幾包益生菌能解決的。心裡的那關最難過。很多人的人生眞的是很苦。我有一個癌症病人，他從小被灌輸「賺錢會快樂」這個觀念，所以他拚命做生意，拚命賺錢，以為人生目標，就只有賺錢。我叫他想一件「感恩的事、快樂的事」，想都想不出來，連笑都不會笑。整張臉看起來就是很苦。他賺錢很厲害，店開很多間，但能一起開心歡笑的朋友，卻寥寥無幾。

很多人沒有安全感，誤以爲有錢就有安全感。這是錯的喔！有這樣的觀念卡在頭腦裡，你會有很多不滿、很多計較、很多擔心，心靈毒素日夜累積，很容易就會生病。對自己最親愛的人不滿、對社會不滿、對政治人物不滿，這些不滿不滿不滿，你發射出去，再彈回來，每一個不滿、怨恨，彈回來傷到的都是自己。人我無別。原諒別人等於原諒自己。你放下，不會少塊肉，銀行戶頭也不會少幾百萬。宿怨跟宿便一樣，趕快排出去，人才會輕鬆。

來解釋一下，人生若不以賺錢爲目標，那目標是？是活得快樂、快樂去利他、去發揮自己的天賦，讓人受益。你發出快樂能量、慈悲能量、專業能量出去，那些正能量，最後又彈回自己身上，這種感覺超讚的，請務必親自嘗試看看。

快樂任務：沐浴後，將《入行論》這段文抄寫三遍

「所有世間樂，悉從利他生；一切世間苦，咸由自利成；若不能真換，自樂及他苦，非僅不成佛，生死亦無樂。」

接受快樂加持，植入善種子。把只為一己之私利的想法，轉換成，眾人皆得利、得樂的觀念。不用怕虧到，因為這眾人，其中也包含你。願你常與快樂比肩同行。

44 觀察無我，領悟無我

「如果你生氣了，你是在跟自己生氣。」

要人不生氣有可能嗎？確實有可能做到。不生氣的好處很多，包含利於心血管維持健康、皮膚亮澤有光，就連慢性頭痛、血壓飆高、快速衰老等狀況，很多都能獲得改善。

因為愛而展現憤怒相無妨，別真的氣壞了就好

西藏醫藥學視嗔怒、生氣爲一種心毒，它會影響到「命氣」運作。不過要說清楚，出於善意、菩提心的「假生氣」，比方說敦促孩子做正確的事、明是非，故意裝出很兇的樣子、聲音比較大聲，但目的是幫助人改變現狀的這種，就一點都不毒。又或者執法人員斥喝歹徒、預防犯罪，是爲了保護他人，爲調伏剛強眾生而呈現憤怒相，不但不毒，還非常適當，屬於正義的行爲，對健康也一點妨礙都沒有。我們要消滅的，是那種因爲不明白不了解，因爲貪戀對自我的執著，而暴怒而生氣的這種嗔怒嗔恨之毒，希望它的毒性，慢慢

自我們的身心靈中褪色、消失。

最能療癒嗔病的，是戒定慧裡的「定」。意思是禪定、清除心的雜染，有淨化自我的意味。好好練習無我，再受傷再憤怒的心，都能得到安慰。

無我不是叫你把自己的身體變不見，那是大衛魔術。這裡說的無我，是去觀察、去思辨，「我」到底是怎樣的一種存有。比方說今天你準備去買早餐，看到正在手沖咖啡的店員被同事用手肘不小心碰撞了一下，整杯翻倒，「唉呀好可惜，浪費了一杯。」你心裡可能會這樣想，但並不會生氣。然而今天要是換成是你已經買好了咖啡，手拿隨行杯，被人撞了一下，整杯灑在地上，那就不一樣了，瞪他，還算有修養，破口大罵，碎碎唸罵，叫他賠償，甚至氣到哭出來都有可能。

這時候，你就可以去觀察這個「生氣」的升起，是因爲貪著「我的」的緣故。別人的咖啡打翻你不會生氣，我的咖啡打翻我就要生氣？啊不是都是咖啡嗎？爲什麼一個氣一個不氣？原來，生氣跟咖啡沒關，竟跟「我的」有關。

路上每天那麼多車超來超去，我為什麼要生氣

再來看一個例子。請想像自己站在人行道上，看到甲車超越乙車，你會有什麼反應？

沒反應，正常，馬路上每天那麼多車超來超去、龜來龜去，有什麼好大驚小怪。但換成自己手握方向盤，被逼車被超了過去，或被龜速車擋住去路，立馬喇叭長按下去、閃大燈、不耐煩、翻白眼、氣噗噗，「到底是……會不會開車啊！」沒罵髒話的，算是很有修養。而氣到叫警察的，也不是沒有。

從人行道換到駕駛座，同樣是超車，一個你完全不在意，一個讓你氣得牙癢癢的，原來，生氣跟馬路上的車車無關，你是在跟自己生氣，在跟一個「我」過不去。

宇宙的起源我不是很確定，但諸多煩惱的起源，我倒是十分肯定，就是「我的、我的、我的」整天在那邊分得很清楚，你占了我的騎樓、你搶了我的男友、你擋了我的陽光、你偷吃了我的餅乾、你你你，超過線了喔……眞要計較起來，一輩子煩惱不完。

想想咖啡、想想路上的車，想明白了，從此再沒有那個生氣、烏煙瘴氣的我，只有健康自在、無病無憂的我。

快樂任務：在你擅長的領域，創造出令人愉快的氛圍

這世上沒有真正的壞人，只有很糟糕的情況。用好、壞去區分人，只有在看英雄電影的時候方便。現實生活中，若住在一個打砸搶猖獗的社區，很容易就讓人拿起槍桿子。若住在一個良善的軍公教社區，大家都很自律、潔身自愛，地上甚至可能看不到一根菸蒂。

請依你的能力好好發揮，去創造一個祥和愉快的氛圍，這就是你的「道場」。這道場可以是一個職場或一個家庭，一個庭院，或一個下棋的空間，你會發現，人只要進到這個祥和愉快的好地方裡面來，自動就會展現出他最好的樣子。非常神奇。

我曾親眼見過幾支特別的公車站牌，不管誰到那，都會自動自發排起隊來，完全不會爭先恐後。好的氛圍創造出來，還可能像這樣持續很久，變成一個「優良傳統」。而這樣的優良傳統越多、擁有愉快氛圍的場域越多，那我們這個美麗的寶藍色星球，絕對會更適合人居住。

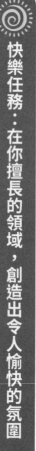

45 預防杏仁核劫持事件

搭飛機巧遇傑克，最好裝沒看見，要是非打招呼不可，千萬別說「嗨 Hi」，不然馬上就會被五花大綁抓走。爲何？因爲「嗨，傑克 Hi Jack」跟「劫機 Hijack」聽起來實在是太像了。

你有笑嗎？好吧！你沒有爆笑出來，表示你的大腦前額葉還是很理智的。如果你噗哧一笑，那顯示管理你原始情感的杏仁核，短暫發揮了作用。聽完我講冷笑話，不管你笑或沒笑，對你的人生都不會有任何影響。不過，要是遇上了恐怖的杏仁核劫持事件（Amygdala hijack），那你可能會懊悔、羞愧，甚至搥心肝。

世上沒有後悔藥，管好你的杏仁核先生

發明「杏仁核劫持」這個詞彙的人不是別人，正是提出情緒智商概念的心理學家丹尼爾・高爾曼（Daniel Goleman）。充滿原始衝動的杏仁核先生全面接管大腦決策中心，這

樣的形容實在很有畫面，至今大家討論人爲什麼會喪失理智時，都還是很愛用這個詞彙。換成小說家來說，大約就是「看到此情此景，我頓時間失去了理智，做出了連我自己想都沒想過的瘋狂行爲。」

現在最先進的戰鬥機都有AI自動駕駛功能，當飛行員因G力過大而暫時昏厥時，能自動拉升、避免撞山。我們人頭腦裡的杏仁核，就有點類似這個自動駕駛，負責那些最危險、最迫切的快速反應。試想，在那個黑熊突然出現、獅子要咬過來的時刻，哪還有時間在那邊用前額葉理性判斷、囉哩叭唆、考慮東考慮西，當然是由杏仁核全面接管才來得及應變，於此同時，大量的壓力荷爾蒙皮質醇被釋放出來，令人心跳加快、手心出汗、皮膚上還有雞皮疙瘩，你接收到更多氧氣，血液衝到肌肉支援，幫助你更有力氣打人或逃跑，血糖升高則讓你能量滿點，就連眼睛，都看得比平時更清楚。

LIFE BALANCE

就算你再能打，久戰必傷，最好是不打

不過用膝蓋想也知道，身體要是動不動就由杏仁核接管，呈現戰時狀態，那休養生息的那些消化、排毒、再生、自癒工作，不就都荒廢了。一國久戰，必然民生凋敝。同樣的意思，人一天到晚在那邊跟看不見的敵人瞎戰，也容易搞到身心俱疲。皮質醇分泌失調、

量太多，它就從救生荷爾蒙變成死亡荷爾蒙，搞得你整個身體都不順。

在這個老闆比黑熊還殘暴、老婆比獅子還恐怖的年代，杏仁核總是特別忙碌，動不動失心瘋、抓狂、不能控制自己的狀況越來越常見。大腦決策中心被杏仁核先生劫持後，決策都出於原始情感反應，而這些反應，有許多不容於現今理性社會，等恢復理智後，你可能會像酒後失態一樣感到後悔、不好意思，而且腎上腺常常分泌太旺，對健康也不是很理想。做人留一線，日後好相見，預防身體再生、免疫功能被干擾，最好來學一下，當你不想被杏仁核劫持時，該怎麼做？方法出奇簡單，恢復時間比醒酒還快。

◎急用的時候，最快慢下來的方法就是深呼吸。採取緩慢深長的腹式呼吸，吐納二十一次。可以及時阻止自己犯下一些日後會懊悔的蠢事、阻止自己說出傷人又傷己的氣話。

◎長期來看，請練習靜心淨心，並培育同理心。我們很難讓一位資深修行者一秒暴怒，由於經常靜坐、觀想的緣故，修行者能快速從紛雜情緒中抽離出來、不受外境左右。修心修得好，被激怒的可能性就很低很低。好好練習靜心、忍辱，你的杏仁核就不會太調皮，動不動奪去主導權。

此外，同理心的培育也很重要。同理心同時也是一顆能正確理解世界的智慧之心，如果你是因爲被某人辱罵而氣炸了，當同理心升起時，你可能會發現：對方之所以會選擇用「辱罵」這種方式來表達自己，很可能是因爲他不會別的！啊，原來他的字典詞彙量不多，好慘。你一旦進入到像這樣的邏輯推理階段，理智斷線的情緒暴衝狀況也將順勢解除。

快樂任務：背誦一首美麗的詩，化失意為詩意

詞彙貧窮的人，往往很難正確表述自己，常常造成很多不必要的誤會。我認為詞彙量豐富的人，是真正的富人，因為他的選擇更多、可能性更多，更厲害一點的，講出來的話就像藥一樣，還有療癒人心的效果，讓人聽了如沐春風，舒服得不得了。

說到舒服，惡語、髒話的詞彙量即便再豐富，你用它來罵人，聽的人肯定不會舒服，先跳過別學了。最好還是挑一些精煉、美麗的來學才有意思。比如西洋的詩歌、東方的唐詩宋詞元曲，或是經書上的偈文都挺好。不為了參加作文比賽，純粹為了成就個人的優雅與意境，請去背誦一首美麗的詩，讓自己的這天，充滿詩意。

46 若判斷為善，馬上去做

能起善念是一件非常棒的事！若又能令善念開花結果、發揮影響力、擴散出去，那不只是你，許多人都會感到快樂。

人的一生，好比是在打電動，也像在修仙，集滿三千點，便成功飛升。各種善念、善行，都是在累點。而惡念、惡行，就像在扣點。扣到零點出局，或許還得再投一次十塊錢，重玩一次人間遊戲，從最弱的角色開始煉起。

LIFE BALANCE

將功折罪累積健康實力，小福報多多益善

這個集點概念，運用在成就健康上，同樣適用。偶爾吃塊雞排、小酌兩杯不礙事，只要心情是愉悅的，然後再多累積健康方面的「小福報」，去抵銷掉違反健康的「小罪惡」，只要功大於過，只要一天當中開心的時間多過厭世的時間，只要加加減減後還是正的，即能維持健康平衡。

有專家去研究「人不愛動會怎樣？」，他們發現若每天久坐超過九小時，死亡風險增加百分之二十二，久坐若達十一小時以上，死亡風險更增加百分之五十。那，因爲上班值班不得已非久坐八、九個小時以上的人就眞的死定了嗎？哪有這麼衰，還不一定呢！只要在空暇時改做些促進循環的好事，像是勤走路、做有氧運動、暖心利他、按摩伸展、泡熱水澡、打靜脈雷射保養。多用幫健康加分的事，去把久坐的負分給抵銷掉，那就沒問題了。

比較麻煩的是上班就已經久坐了，下了班又愛當一顆久臥的沙發麻糬，懶洋洋賴在沙發上看電視都不動，久坐扣一點、久臥又再扣一點……即便天生健康底子雄厚，任誰也禁不起這樣的折騰。

LIFE BALANCE

令怠惰心無機可乘，連小縫隙都不留給它

不管是要修身、修心，還是要修仙，我有一個超有效的累點攻略，就是我標題寫的這句「若判斷爲善，馬上去做」。兩個關鍵詞是「馬上」跟「去做」。

別以爲「馬上去做」容易，光叫你「一回家馬上去洗澡」，很多人都懶得洗，會想要先混一下、偷懶一下再說。人的怠惰心，就是這麼調皮，會在你耳邊慫恿，「急什麼。」

「上班這麼累，好不容易回到家，先看個電視再說。」「這個看起來滿好吃的，明天再開始減肥好了。」很多好事，都是這樣等，等到忘記了。怠惰心歪理還很多，「哼，什麼忘記，你不要亂亂說，我這是在醞釀。」怠惰心跟拖延症是哥倆好，都對逃避都有一種扭曲的快感，真的很變態耶。

想要健康滿願、智慧成就，不是去拜拜，拜託神明當靠山就行，自己「馬上」跟「去做」的決心，不能沒有！

「馬上」的好處是，善與善、樂與樂之間能無縫接軌，小罪惡、小小的負面情緒、妄念、悲觀的想法，沒辦法見縫插針，不會偷渡到你的心田裡。

「去做」的意義在於，雖說起善念已經能集一點了，但若實踐得好，點數又翻倍送。當你沉浸、專注做一件正事，能刺激多巴胺分泌，你不但快速集點，還賺到快樂。

LIFE BALANCE

被放逸之事耽誤的青春，小鳥一樣不回來

你知道飯後散步有益健康（念頭），請立馬邁開腿走出家門（行動）！稍微遲疑懈怠，要嘛愛睏瞌睡蟲跑出來，要嘛怠惰心又在耳邊煽風點火，「先打場電動好了。」「幹嘛這麼累，轉遙控器吃零食喝可樂不是更爽。」於是，每天走七千五百步的陽光計畫又不小心

失敗，怠惰心就是這樣淘氣，趁你虛、要你胖。

又或者本來想收看一個線上課程、打一份報告、查一些資訊，打開電腦一上線，沒馬上去做正事，不小心和朋友在交友軟體上閒聊起來，或被彈出來的雙十一、母親節父親節購物優惠給誘拐了去。不知不覺便蹉跎了時間，還得到了一個快樂感遞減的副作用。一整天好像都很忙，但也忙不出個所以然，這不叫空虛，那什麼才叫空虛。

在西藏，「勇猛」跟「精進」這兩個詞常常是連著一塊兒出現的。意思是想要有所進步、有所成就，那個力道要宛如獅子進攻般勇猛。又像是在比賽柔道，一喊開始，國手攻勢連發、氣場瞬間震嚇對手，連給對方喘息的餘地都不留。我們平常對人和藹可親，但面對自己的怠惰心時，請直接撂倒，不用跟它客氣。

快樂任務：去分辨拖延是因為懶？還是沒必要？

走在正道上的人，一秒都捨不得浪費。反過來想，之所以拖拖拉拉，難道是因為這個待辦事項根本就沒有做的必要？很有可能是這樣沒錯喔！但也有可能純粹自己懶、怠惰心時不時跑出來干擾你的緣故。

出現拖延症狀，不急著批判否定自己，先觀察是懶還是沒必要。比方說「流感盛行時回家先洗手」，拖延不想洗，那就是懶。又或者「跟新朋友聚餐」，拖延不想去，那很可能你有比和陌生人吃飯更要緊的事，那就不用勉強自己去。

請時時檢視自己是否有這種「一秒都不想浪費」的心情，如果有，那是很好的呦！表示你正在盡情演繹生命、百之之百投入，正走在健康、快樂的軌道上。

47 到達比舒適圈更舒適的地方

哪裡?北極圈嗎?不是誒。地球暖化,天氣常常熱得要命,北極圈中以寒冷著稱的小鎮都能飆破三十八度,看來,想要離惱熱覓清涼,現在連高緯度區域都不靠譜。

難道舒適快樂不可得?健康長壽很難得?我的答案是,可得,也不難。只不過有一個誤會,我們得先自我澄清、去理解它,如此一來,不管想要的是快樂、健康,還是好死善終,不用選,三樣一併打包帶回家。

LIFE BALANCE

陷入苦難有可能,陷入絕境那說不通

大家誤會大了的誤會,是哪一個誤會呢?「我陷入絕境」、「我死定了」、「完全無解」的這個誤會。這樣解釋,你可能會清楚一些。我常常把宇宙最高智慧比喻爲線上遊戲的程式設計師,而你我都是玩家。一點困難度都沒有的電動,誰要玩啊?當然是關卡重重,有危險、有獎勵、有怪獸、有伙伴這種,要來得刺激有趣多了。

程式設計師目的是讓玩家儘量參與遊戲、待在遊戲裡的時間長一些（這樣遊戲軟體公司才能賣你虛擬道具），所以，說實在的，程式真的不太可能會故意設計到讓人玩不下去的這種程度，萬一你眞的死透了，它這遊戲豈不就沒人玩了？會丟一些怪獸出來整人，弄一些崎嶇的地形，是在增添遊戲的可玩度，爲了後續的獎勵報償，困難關卡是必要的存在。這是虛擬的線上世界。

來到實體世界，其實也是相類似的概念。有人就要說了，「哪裡有一樣，我是眞實感受到痛苦。」「我經濟陷入困境、我生存受到威脅。」「唉，那個，天氣眞得很熱耶，物價眞的很高耶。」「等疫苗等到天荒地老，我要窮死、餓死了啦！」……。放心，天公伯不可能存心弄死你，就算不相信老天也沒關係，你的朋友、你的親人，都捨不得你輕易離去，甚至是你的「敵人」，也不會這麼簡單就放過你。

若不喜歡快要被逼死的感覺，請走出舒適圈、往前一步，不要問我前面是哪一面，只要你走出去，那都是向前。

LIFE BALANCE

舒適圈譬如魚缸，能在大海游泳，為何不？

人在舒適圈待久了會怎樣？如果你的舒適圈是沙發，你喜愛坐著不動更勝於運動，那麼，年過三十，肌力骨力都會流失得很快。如果你的舒適圈是某一個產業，當變動驟然降臨，你可能會周轉不過來、在心情上產生很深的無力感。然而，很多人不知道的是，走出原有的舒適圈後，外頭其實更舒適更宜人啊！這就是我說的比舒適圈更舒適的地方。

問題是，「走出」兩個字，寫下來很簡單，但要怎樣走、怎樣出，眞要做時，大多數人還是會怕怕的。不用怕！勇氣不用找梁靜茹要，我們自己口袋裡就有。

永遠別忘記，宇宙之心本意是希望你能繼續玩下去，所以在關上一扇門的同時，總會爲人另外開好幾扇窗。能理解這樣的運作機制，便不覺得跨出第一步有那麼可怕了。

LIFE BALANCE

了解無常是正常，變化時刻進行中

機會重重無盡，從不曾斷鍊，只怕人的體力活力和心理素質平時缺乏鍛鍊，被突如其來的無常給嚇到，退縮封閉躲起來。如果是這樣，即便一卡車機會從天而降，那蒙住眼的人，一個也接不到。

所謂舒適圈，就是人頭腦裡暫時能想到的，以及人過去已經體驗過的那些。殊不知，還有更多意料之外的驚喜禮物，等著你去拆封呢！隨時保持好奇心、樂於探索生命的無限可能、體驗生命多重面向的人，那禮物，是永遠拆不完的。

連北極冰山都會融化，原有的舒適圈逐漸崩塌，那也很正常。多情留戀不肯走的人可惜了！多踏出一步的人有福了！換一個新地方、發展一項新技能，有很多原本想都沒想過的新鮮事，會一個一個發生。我從喜馬拉雅山走來、從印度飛來，曾經好幾次都覺得「死了慘了完蛋了。」「早知道就留在家裡，憑我聰明才智少說也能混個小官。」每次以爲窮途末路時，都忍不住這樣想。結果每次往前多走一步，才發現風景又完全不一樣。我家鄉香格里拉眞的是很漂亮的一個好地方，還被人稱爲人間淨土咧，下決心離鄉背井求學我容易嗎？簡直是太難啦，但看到現在完成那麼多好事情又認識這麼多有能力的人，我十分慶幸當初做下的這個決定。

不到絕處不逢新生，眞的是這樣！不試試看，你永遠不知道自己能有多厲害！

快樂任務・任選一天當作自己的「說好日（Yes Day）」

有天外出用餐，我發現隔壁桌媽媽不斷叫自己的兒子「不要玩食物」、「不要咬手指」、「不要東張西望」、「不要玩手機」、「不要揉眼睛」、「不要拖拖拉拉，快吃」，至少在半個小時內說了超過十次「不要」。

還沒為人父母前，生命中會有那麼多的「不要」嗎？一直說不要，會不會讓自己錯過一些好事情？我們一起來思考這兩個問題。找一天當作自己的「說好日」，什麼都說好，又會怎樣呢？好像滿值得期待的。

48 「物執」誤人生，醒了就好

斯斯有兩種，而阻絕快樂感覺在體內流通的絕緣板也有兩種，一種是「物執」，另一種是「愛我執」。愛我執下一篇會詳細說，這邊先簡單說一下。

LIFE BALANCE

誠心祝福他人，最有福的其實是自己

愛我執這種執念如果太過強烈，會令人凡事都以一己之私利作爲優先考量，「奇怪耶，你都只考慮到自己，我幹嘛要理你？」別人當然不會理你。即便使出情緒勒索手段，有可能得逞幾次，長此以往，恐怕不能事事如意。於是心中慢慢開始累積不滿、累積怨恨，不斷累積累積到像岩石般堅硬，那就眞正與快樂健康絕緣、無緣。

愛我執的剋星是「你」。把「你應該尊重我、體諒我、服從我」，替換成「你覺得怎樣呢？」「你還好嗎？」「願你三冬暖、願你春不寒。」「願你天黑有燈、下雨有傘。」，把ＩＩＩ我我我的自私阻礙，轉化爲祝福的愛，人會越來越快樂、焦慮壓力越來越小，還能降低罹患心血管疾病的風險。

接著再來說說「物執」。

從無明流沙中脫困，拒絕向下沉淪

物執意思是人對萬事萬物是堅實、實有的存在，所產生的這種誤解和執著。跟愛我執一樣，物執越強烈，人就越難開心起來。人，就是在種種莫名其妙的固執中，被框住了自由，並逐漸喪失了由本心升起喜悅快樂的能力。

說到消除煩惱，人一定要從無明無知的流沙中向上飛升，才不會逐漸向下沉淪。從物執的困境中覺醒，「啊，原來是這樣啊！」把智慧心燈拿出來點，滅除大闇的方法，下面教你。我們一起來思考以下四樣東西。看看那所謂「堅實的存在」，其實並不存在。萬事萬物，都是相互依存、相對性的存在，它們是無常無我且無自性的。

◎**青草地**。用人類的眼睛來看，草原是一大片綠色像地毯那樣的東西。但草眞是綠色的嗎？對人來說，是的。但對狗狗來說，綠色並不存在的，牠們眼中的草皮是一片白，還比較像是雪地。所以客舍青青柳色新這樣的唯美畫面，只存在於詩人的腦海和視界中，對於狗民來說，還是肉包子能看得比較清楚一點。

◎棉花糖。幼稚園小朋友看到一包美味棉花糖，爽耶，抓起來就吃，整包吃光光。有預防醫學概念的大人就不一樣了，看到一包棉花糖，吃個一、兩顆便作罷，因爲大人了解「要死了，吃太多糖我三酸甘油脂會飆高，一不小心變成代謝症候群，那就離糖尿病就不遠了。」智慧未開時，只能看到糖果，而智慧大開時，連吃糖的因果都一清二楚。所以說經常閱讀長知識的人，健康壽命比較長，不是沒有原因。

◎一棵樹。人眼見一棵樹，就覺得啊，是樹、樹在那邊，是樹沒錯。但樹眞的是樹嗎？樹到底是什麼東西？給草間彌生看，可能看出的是一堆綠點點。換我靠近看、拆開來看，看到幾片葉子、幾根枝枒，再近一點，剩下葉脈、葉綠體，更近一點，看到了許多原子，這是樹嗎？不說的話還以爲是一張宇宙縮圖。好了，什麼我家的樹，別人碰了我的樹、偷摘我的果子我就要生氣。你從樹裡都能看見整座宇宙了，那還用得著去分什麼你的我的他的？層次不同了，計較，就顯得淺薄了。

◎一杯水。以上，都還想不清楚的話。來，經書上舉的例子最簡單明瞭。天人看一杯水，是甘露（藥師佛的萬靈藥）。凡人看一杯水，就是一杯水。餓鬼看一杯水，嚇死人，他們能看成是一杯膿血。

別以爲經書在開玩笑，這是眞的。現實生活中，心智蒙昧、扭曲的人，把獎牌看做人頭、把美女看成惡女、把漂亮的植栽看成晦氣帶衰的不祥之物，這都是有的。看什麼都醜、看什麼都不順眼，被「物執」給誤了人生，就會出現這種症狀。

心裡想的、眼睛看的，不要亂亂想、亂亂看。靜心悟空性，令腦霧煙消雲散，懂了、明白了、醒了就好。人會慢慢清爽起來。

快樂任務：淨心懺悔，靜心感恩

有人是為了健康、有人是為了靈性揚升，我身邊有很多朋友開始練習修心。大家不約而同會遇到一個同樣的狀況，那就是妄念紛飛。不坐沒事，一靜坐下去，一會兒想到電鍋沒設定，一下子要去接小孩、該給客戶回個電話、網購的東西沒拿……本想淨心，心卻越坐越熱鬧，好幾個自己同時間對話起來，比清晨的小鳥還能聊。

數息法，邊吐納邊數一、二、三、四……，或是其他有吸有憋有吐的呼吸法，搭配靜坐，一部分人可以成功令雜音止息，進入專注狀態。但如果不能，暫時別坐了，出去走走先。走的時候前半段時間用來懺悔、後半段時間用來感恩。走完後不管要做什麼，靜坐、上班還是睡覺、吃飯，心都會比較安定。

懺悔懺什麼呢？我把它當作是心的排毒，對於自己之前做不好的地方深感懊悔，譬如不小心生氣了，覺得好像給自己吃了毒一樣，深深對自己、對別人，感到抱歉，然後下定決心不再犯。邊走邊懺悔效果特別好，似乎能把心毒從腳底排出去一樣，我常常越走越輕鬆。

感恩又是感恩什麼呢？謝天謝地，謝雨神、謝雷神，想謝什麼都行。感謝自然，你就更容易與天地合一、達到物我兩忘的境界。感謝身邊的人，正能量直接提升，原本煉獄一般的地方都會變得鳥語花香宛如天堂。懺悔、感恩，排出毒素、提升能量，努力堅持一陣子，我每天快樂自在的時間變多了，煩惱緊張的時間變少了，無論生活跟工作都更有品質，邀請你一同來嘗試看看。

49 勿信不真切綺語，斬斷「愛我執」

凡事只考慮到自己會怎樣？過得比較開心？能占到便宜？比較不會生病？恰恰相反。西方醫界研究發現，總把自己擺在第一順位，一天到晚說「我」、「我」、「我」的人，承受著比常人更高的心血管疾病風險。常把「我」掛在嘴邊，代表心裡也常這樣想。心裡面深愛著對自我的執著，這種「愛」就成了「礙」，讓人聽不進真話、理解不了真相。只愛聽對自己有利的綺麗言語、奉承語，別說是預防疾病了，想療癒痼疾，那都很難。

人心裡的一個一個執著、固執，顯化在身體上就是一個一個不通、卡卡。

西藏醫藥學中很重視的馴化自心、調伏自心，就是主張透過一個個正向、正確的念頭，來促進身心靈整體健康。而只愛自己的這個執著、相信一切都是真實存在的這個執著、牽掛愛情名利權勢的這種執著，以及各種排他的想法，都是執著。都能讓人心裡不快、身體不爽。

生命皆可貴，愛自己的同時也要愛護他人

斬斷愛我執的意思，並非要你不愛自己。意思是你在愛自己的同時，也要愛護他人，當人我利益衝突，你比較一下，成全他人對整體更好的時候，你願意放棄自己的暫時利益，這就很棒，眞的要捨己，是要這樣捨。不是叫你把命都丟掉、捨掉這樣。愛惜生命、視生命爲珍貴，不管是自己或他人的都一樣寶貴，這是愛我愛人，不是愛我執。

接著來講個眞實發生的故事。

海內外詐騙手法年年翻新，我一個認識的朋友，他們家就被一種叫「投資型詐騙」的手法，給框了上百萬。這個詐騙集團專唬耳根子軟的婆婆媽媽。準備騙人的這些人，看上去都很親切、嘴甜人好心善，我是說看起來。他們會先說你兒子優秀、老公很帥、你好棒棒之類的好話，讓你心花怒放、失去戒心，接著就開始勾引你的貪欲，謊稱現在給他多少多少，每個月就能領回多少多少，一直領下去。如此受騙上當的人，不在少數。

就跟人免疫力很差時容易感冒一樣，當人心抵抗力很差的時候，什麼妖魔鬼怪都能來欺負你。提升心的免疫力，愛我執是一個阻礙、喜歡聽好話是一個阻礙，而認爲自己比別人更重要，那更是一個阻礙。第一步就是要去除這個。訓練自己成爲八風吹不動、毀譽不

驚的大自在者。人家說你好、說你壞，哈哈，都沒差。

心魔不生，你會自在。任由愛我執的心魔作祟，人會智障。若連最顯而易見的因果都看不清楚了，這樣就很糟糕。

提升心的免疫力，慈悲心是最好的補藥

「慈心」是升起快樂的心、希望人快樂的心。當然，這個人，同時包含別人和自己。去除愛我執，不是叫你不愛自己，而是在愛自己的同時，推己及人，一起愛護別人。比方說你知道圍圍巾會暖、身體舒服、心裡會高興，看到冷的人，你就給他一條圍巾，讓他跟你一樣也身體舒服、心裡高興。這就是一種慈心的展現。或是揪好友一起去暢快運動、到處走走，這樣也可以。

「悲心」是心裡希望別人不要遇到麻煩、能脫離病痛。爲人拔除恐懼、威脅、焦慮的果報是「長壽健康」。想讓自己身心靈平安，助人遠離痛苦的這顆心，看到他人受苦就好像自己在受苦一樣的這顆心，請好好養壯它。

你是你自己的老師、你是你自己的醫生。透過學習聽聞善知識、思考消化好好想想、付諸實行訓練修行。慈悲越強、執著越小、煩惱越少。自然而然，你經常處於寧靜自在狀

態的快樂時光，也就會越來越多。

快樂任務：思維默記五步驟，步步邁入健康

利他＝健康＝快樂。做好其中一樣，剩下兩樣自然到手。若從「利他」著手，拆解來看可分為五步驟：去分別心、了悟平等、產生同理、自他交換、利他共好。

◎**去分別心**。人有男人、女人、白人、紅人、西藏人、印度人，我們都能分辨出人與人之間有所不同。但認為「男人比女人高級」、「白人比紅人優秀」、「西藏人比印度人可愛」就是分別心在作祟，誤導人產生觀念上的偏差。去掉這種誰比誰高級的分別心，是第一步。

◎**了悟平等**。眾生皆不願意受苦、法律之前人人平等、你一條命我也一條命、王子犯法與庶民同罪，這些都是平等。你身上由地水火風空五元素所組成，而我也是一樣。如果把人身切到很細，你會看見大家都有原子，若把心靈拿出來看一看，你我都有智

慧。我出生我死亡，你也會出生會死亡，在這方面，也是平等的。

◎**產生同理**。沒有一個眾生喜歡受苦、沒有一個眾生討厭快樂，我也一樣。所以我不會想要加苦在別人身上，好東西好心情好的笑話，我都會想要分享。修得平等心和同理心，人就能站在對方的角度去考慮事情，能為彼此減少掉許多不必要的麻煩。

◎**自他交換**。希望你的苦，到我身上來，而我身上的平安、豐足、健康，往你身上去。這一步最難，我剛開始練習也會怕怕的。但完全不用擔心，這是一種心理素質的訓練，不會有什麼災厄、病氣，真的「傳」到你身上去。

◎**利他共好**。你好，我才能好，大家一起共好。自私自利不會成功，唯有自他兩利、雙贏、三贏……大家才能一起贏。從這次新冠疫情來看，就很清楚。

以上五步驟，與你分享。按次第一步步向前走，健康快樂就到手！

50 祝你腸腸幸福，免疫、心情全都顧

八十歲老人家有二十歲年輕人的活力，有可能嗎？當然有可能！保持玩心、好奇心與幽默感能讓我們維持心態上的年輕，不過，身體素質也得同樣跟上才行。比方說管住嘴邁開腿，人就很有機會在八十歲高齡時還擁有二十歲的心血管。

另一個很重要的目標是：「八十歲有二十歲的健康腸道。」這跟我們的心情和身體都有關聯。有八、九成傳遞幸福感的血清素，在腸道內生成，而也有高達七成的免疫細胞，在腸道裡誕生外加訓練。小到過敏、流感，大至感染性肺炎、細胞癌化，腸道顧好，即能改善百分之六十的免疫狀況。

在代謝部分，腸子有活力，像是高血壓、糖尿病、肥胖等文明病都不容易找上門。預防阿茲海默、憂鬱、躁鬱，腸道好，很多事都不用煩惱。近來時興的「腸腦軸」研究，已積極往「優化腸道微生物菌相，來改善大腦、情緒甚至是行爲」這方向在努力。

而女孩子最關心的皮膚有沒有小顆粒、上妝能不能均勻、如何看上去細緻又容光煥發？也跟腸道保養有關。其他如老化變慢、口氣變好、精神變好等等，腸道健康，很多好

事都會發生。

LIFE BALANCE

自己的腸道環境究竟如何？上下一起看

上面是看臉和口，有沒有顆粒、乾燥粗糙還是平滑光潤？口氣芬芳還是口氣惡臭？下面是觀察排便。每天大號一、兩次，黃金先生是一整條黃褐色，氣味類似發酸廚餘還可以接受不會太臭，表示腸道裡的好壞菌和平共處，菌相平衡非常棒。但如果放屁很臭，排便更臭還不成形，那要小心可能壞菌過多。

最近你可能還常常看到「腸漏症」這三個字。不是說腸子破一個洞，裡面東西漏出來這樣。意思是本該比肩站崗的腸道黏膜細胞，因不良飲食或不當用藥，出現防守上的空隙，不該放行的食物大分子、毒素或細菌病毒逃出腸道，巡守全身的免疫軍團一看「天啊，這些都什麼鬼啊！」立刻喊打喊殺，然後有人就過敏了，有人會覺得「奇怪，怎麼好累」，也有人出現頭痛症狀。當免疫軍團反應太過激動，出現自家人打自家人的狀況，將演進爲更複雜的自體免疫疾病。

LIFE BALANCE

腸道菌相平衡是解答！把藥品留給真正需要的人

頭痛醫頭、拉肚子吃止瀉、憂鬱就吃藥、皮膚狀態差保養品整坨拿來塗，如果連做到這樣都沒用，請給自己兩個禮拜時間，透過「優化腸道菌相」這招，把上述問題一次解決。

活在我們腸子裡的微生物大約有一百兆那麼多，理想上好菌應有百分之二十、壞菌百分之二十，騎牆派中性菌可以有百分之六十。若自覺皮膚差、口氣不好、大便也不漂亮，請嘗試恢復好菌占比。怎麼做呢？下面教你。

◎壓力也會擊垮好菌，所以要開心。

◎別亂吃抗生素、消炎止痛、胃酸抑制劑。

◎別吃太多肉，豬牛身上可能也有抗生素。

◎吃發酵食物。台灣的福菜梅乾菜、韓國的泡菜、東北的酸白菜、日本的納豆與味噌，以及酵素、優格、優酪乳和古法釀造的醬油。

◎喝好茶。紅茶、烏龍茶、普洱茶。

◎適量使用益生菌補充包。

◎投其所好，好菌喜歡吃的有：洋蔥、大蒜、蜂蜜、蘆筍、燕麥、黃豆，以及纖維豐富的蔬果。

◎切斷壞菌補給，壞菌喜歡垃圾食物，如精緻加工食品、高糖零食、炸物，這種不要多吃。

不讓壞菌強出頭，進而引發一連串身心疾病，請用上述方法幫好菌加加油。揚善，就不怕惡作怪。

最後再提供兩個非藥物改善便祕的方法。因使用藥物而出現抑制腸胃蠕動的副作用時，可試試黑棗或黑棗汁。因爲突然大量運動、爆汗，身體短期缺水而造成的便祕，綠色奇異果洗乾淨連皮吃，兩顆見效。

快樂任務：優格快樂吃，「秋冬」、「春夏」有別

我覺得腸道裡的世界跟現實社會其實也差不多，你不可能說全部都是好人，一定也會有壞人，或中間的人，不好不壞的那種。只要好人數量夠，聲量大過壞人，那麼中間派就不會「西瓜偎大邊」，通通往壞的那邊去助長聲勢。

身為自己腸道的主人，是時候該跳出來主持正義了。我都靠吃優格這招，幫好菌增援。我有兩個版本，秋冬天氣涼，我會用無糖優格配蜂蜜和堅果，通常是腰果、核桃、南瓜子和杏仁這四種。春夏天氣熱，我會用無糖優格搭配香蕉，再加一些當令水果。晚上節食，甚至這樣就能當作一餐。兩個版本的優格配方，給你作參考。

51 天有不測風雲，酸雨欲來請撐傘

來台灣我學到一個新詞彙「酸民」，一般是指在網路上是非不分且尖酸刻薄愛罵人的鄉民。他們習慣躲在螢幕後面大放厥詞，然而在現實生活中，愛講刻薄語的人也是有的。

LIFE BALANCE

小心環境汙染，天下酸雨，網上有酸語

看到有人享受努力得來的甜美果實，吃不到葡萄說葡萄酸的酸民，會像螞蟻一樣傾巢而出。果實越大越甜，螞蟻也越多。酸言酸語腐蝕人心於無形，比生化武器還恐怖。得到負評，很難有人不傷心，特別是當其中很多偏離你所認爲的事實很遠的時候，難過中還會夾雜氣憤，覺得委屈，「他們怎麼可以這樣亂說！」「我這麼努力最後卻換來這樣結果。」「只是想把事情做好，難道錯了嗎？」

古時候有八苦，而被批評、被討厭、被誤解、自己的付出被漠視，我認爲是網路時代的新四苦。如若你深陷其中，難過不已，請練習下面兩招，幫自己斬斷無明煩惱。

◎觀想一把好雨傘。心理學上有所謂的「防禦性神經精神病」。病人可能以攻擊的方式來宣洩內心的不安與不平衡，並藉此互相取暖、得到自我肯定。如果你是一個重要的人、有成就的人，他們更能從毀你、謗你、酸你中，得到安慰。如果酸語是病態的，那你大可不用放在心上，更用不著退縮，更不必把自己關在家裡。

有回遇上身心科病患，直衝我喊「蒙古大夫、蒙古大夫」，我知道他在認知上跟一般人不一樣，所以並不在意，不會覺得被貶低或被嘲笑這樣。

如同天降酸雨，你撐好傘，或穿上漂亮的雨衣雨鞋，就照樣給它出門，大步走，該幹嘛幹嘛去，沒人能阻攔你。觀想一把好雨傘，爲你擋下那風、那雨，還有那瘋言瘋語。

樹大必有枯枝，人多必有白癡。智慧還沒打開的人會暫時呈現癡愚狀態，宛如毛毛蟲。毛毛蟲哪知道蝴蝶的厲害，用毛毛蟲視角，怎麼看就前方那一小塊。如果酸語是癡愚的、不正確的，現階段不必理它。耐心等毛毛蟲蛻變成蝴蝶，大家再來好好談心。

◎將視界提高一個維度。人怕出名豬怕肥，豬肥就要被宰，人出名就有人要眼紅，在網路上非得把你生吞活剝一番否則不過癮。換個角度想，哪一個歷史上的大人物沒有被人非議過？就連一生簡樸濟貧無數的大善人，都有人酸他「沽名釣譽」、「做善事只是爲了出名吧」。也有創業很成功的正派企業家，被酸說「還不是靠家裡」、「運氣好而已啦」。奇怪耶，難道他們被說都不會傷心？不用跳出來回應？我的企業家朋友如是說，「不用回啊，如果所有批評都要一一回應，哪還有時間幹正事。」如果你正好有一件好事，對自己靈性提升有益的事、對眾人福祉有益的事，那就帥氣繼續下去吧！別爲酸民耽擱一秒鐘。

毛毛蟲連看一朵花都有侷限，蝴蝶卻能看見整座花園。用智慧將視界提升一個維度的你，很快會發現到，有時人家說你壞，其實是在說你好。比方說，「這人很頑固」聽起來像批評，但若你是爲一件好事而固執，那就成了擇善固執。又或者敵方毀謗你「談判十分狡猾」，意思是稱讚你聰明機智。

有些人，以壞人的姿態出現在你眼前，但其實這是一段逆增上緣，一段激勵你的緣分。所謂的敵人，很多是帶了壞人面具的貴人。有些話，以忠言逆耳的方式被你聽到，縱使良藥苦口一時很難吞下，長久來看，對你未嘗不是好的？

每一句話、每一件事，都有好多面向，像蝴蝶一樣多看看，你會看見人心的可愛，與世界的良善。

快樂任務：腦神經有氧運動，阿拉伯數字倒著寫

每週三次有氧運動，常保青春活力。那，怎樣讓大腦做有氧運動？靠得是一反常態的練習。為了方便坐在對面的客戶，許多金融業高手都訓練出把阿拉伯數字倒著寫的特異才能。在體貼對方、發揮同理心的同時，無意間也鍛鍊到自己的頭腦。大腦因此走出舒適圈、脫離慣性，得到了一個活化不同腦區的好結果。

人若常處於太方便、太習慣的狀態，很多機能都會鈍化，甚至是提前退化。這時候各種的「一反常態」都是很好的訓練方式。想練肌肉，放棄電梯改爬樓梯，想練頭腦，除了數字倒著寫，反戴手錶倒著看時間，也可以試試看。

52 過猶不及，平衡免疫才是真健康

人不生病是有可能的，而想要做到這點，第一，心裡面要相信自己可以一直健康。第二，是要廣泛學習預防的技巧。上醫治於未病之前，事情還沒發生就被你阻斷了，能做到這樣，當然就可以不用生病、不用受苦。

LIFE BALANCE

維持健康，是一門增減調配的藝術

人身小宇宙，一個和諧的宇宙，是講究平等和平衡的，而非誰高於誰。在自然界叫風調雨順，體現在人的身上，就是免疫系統的平衡、自律神經平衡，以及地水火風空五元素的平衡。

東方的醫療系統最懂得中庸之道，懂得凡事恰恰好的好處，無論是印度的阿育吠陀、西藏的藏醫藥學還是中醫，都崇尚平衡。現在就連主流西醫，也開始學會看平衡。醫師們注意到了焦慮、失眠、頭痛、耳鳴、胸悶、腹脹、腹瀉、便祕、頻尿、肌肉痠痛、疲勞等生理現象，都可能跟交感神經過度亢奮有關。還有免疫力增強這件事，過強的免疫反應未必好，夠用就好了。免疫力太強，可能引發過敏、類風濕性關節炎、多發性硬化症、僵直性脊椎炎等種種問題。

哈佛醫學院曾對平衡免疫，提供了一些建議，我把認爲不錯的列出來：

◎多攝取水果、蔬菜與全穀物。
◎降低感染風險，如勤洗手。
◎每週至少運動一百五十分鐘。
◎適度飲酒，不要過量。
◎維持健康的體重。
◎控制血壓。
◎充足睡眠。
◎避免長期承受壓力。

短暫、短期的壓力比較沒問題，這種事天天都會有，身體自動會調節，不礙事。我比較在意的是超過三個月以上的壓力，這種對身心容易造成全面性的損害，就比較需要注意。

長期累積壓力、緊張焦慮、具攻擊性性格，若令皮質醇濃度升高，免疫力就會受到抑制，這時萬一又遇上外來病原微生物，生病的機會就很高了。所以我才會說心情放鬆、保持愉悅、儘量樂觀有其必要，一天中至少百分之六十的時間是快樂的，有助於維持免疫功能的平衡。

運動也講平衡，操過頭免疫力恐下降

至於運動，醫生常叮囑人要運動，都變成口頭禪。可有人問我「奇怪耶，怎麼越運動越容易感冒、頭痛？好像沒有變健康。」這要不是在健身房裡流汗吹風受涼，就可能是你運動的強度太高，高到身體一時間無法調適過來。有很多人在高強度運動後，會出現短暫免疫下降的狀況。建議循序漸進，從中低強度開始練習，別一開始就把自己操過頭，反而使抵抗力減弱。

吃的方面，綜合幾份營養指南，我整理出八大免疫好食，請把它們放在心上，遇到就吃一些。人體內的免疫反應非常複雜，除了儘量維持心情愉快外，大原則，爲生成足夠的免疫細胞提供原料，這是我們每天都可以做的。

◎柑橘類，維生素C的好來源。
◎堅果類，護腦益心健全免疫。
◎花椰菜，支持免疫系統運作。
◎菠菜，強化人體抗感染能力。
◎大蒜，促循環預防免疫低下。
◎優格，顧好免疫細胞大本營。
◎綠茶，減輕過敏症狀抗流感。
◎薑類，降低發炎與慢性疼痛。

健康幸福不是強度的問題，而是平衡的課題。剛剛好、恰如其分、不多不少，適度的壓力、適度的重量訓練、適度的放鬆休息、適度的營養補充，保持身心靈平衡，才是真正的健康。

快樂任務：嫻熟如米開朗基羅，釋放藏在石頭裡的大衛

去當那個發現千里馬的伯樂，去幫助他人實現自己。比方說體育教練發現某某孩子身體素質極佳，很適合舉重，就引領他入門、幫他報名比賽。我們每天跟那麼多人相處，總會有那麼幾個時刻，靈光乍現般，我們會看見生命的軌跡。

尤其隨著年齡增長、社會經驗多了，看到某些晚輩、下一個世代，你會直接看到他蘊藏著閃亮亮的天賦，有機會大放異彩。適時給出一些導引、建議，或說一些肯定、激勵的話，或直接給予實質幫助，贊助訓練經費、贊助場地之類的。看著人家完成天賦，是很快樂的一件事。一起成就一件好事，那個拿獎牌的不必是自己，能當慧眼識英雄的教練、看著人家一步步成功，也很爽！

你知道《大衛像》前身是一塊加工失敗、被棄置在教堂空地的擋路大理石嗎？好在有天才雕塑家米開朗基羅出手，才把大衛帶到世人眼前。西方哲學有一種浪漫的說法，「人世間所有，早已先天存在於上界」，我們人用一些巧妙的方法，能將他們顯化出來。無論你是幫他人顯化，還是幫自己顯化，整個過程乃至於結果，都非常快樂且十分有意義。一時間被棄置不要緊，人終將完美實現自己，在此，獻上我最深的祝福。

第3章

無病無憂無敵快樂 A to Z

A Awareness 意識

我們人的意識原本可以連結到宇宙之心，那個充滿閃亮亮的愛、取之不盡用之不竭的智慧源頭。你我都曾經是那麼快樂、那麼滿足、那麼無憂無慮。不記得這種感覺了嗎？別擔心，你並非眞正遺忘。只需拿條抹布拭去本心上頭的灰塵，抹除執念、自私、冷漠、貪著、好鬥、對立、歧視、分化，和所有的怒氣沖沖、狹隘的愛恨情仇的這個動作，稱爲「覺醒（Awake）」。

只要清清楚楚明明白白醒覺一刻鐘、一秒鐘。那人的這一生，就很值了！雖然山東學霸表示：「朝聞道，夕死可矣。」但可沒叫你朝聞道，夕就非死不可。請帶著醒覺的意識開始過上美好新生活，當下，你就從貨艙、動物艙，秒升等到商務艙、頭等艙。你知道、你明白、你有察覺力、你帶著醒覺的意識活著，維持著這樣的狀態，將宛如步入香格里拉人間天堂，步步踏實，而且快樂！漸悟、頓悟，都是悟，永不嫌早、永不嫌遲，醒來就好！

B Benefit others……利他

無條件、不求回報爲人付出，即爲「利他」。

倘若心中存有期待，你對人家好，是盼望他日後報恩，或是希望人家崇拜你、看重你，這類型的假利他眞自私，不但快樂不起來，還會常常覺得很受傷。自私自利屬於低階能量，走到哪都不會愉快。人一自私起來，小朋友開始叛逆，老公看你覺得煩，連朋友都會離開你。

而喜歡利他、利他成習慣的人就擁有高階能量，福澤是很大的。簡單來說，福澤多多就像使用5G，你的意願、構想很容易傳達出去，別人也很快能接受。福澤少少，大概就像1G，會有卡卡不順的感覺。處於低階的1G狀態，很多人會誤以爲自己很衰、沒人理，事實上不是這樣，是你的訊號、訊息，無法正確傳送出去的緣故。當人福澤不夠大的時候，即便你說的事實是百分百正確，建議是百分之百有效，人家，也不一定會歡喜接受，可能還會置之不理，認爲那沒什麼。

夫妻、夥伴想要不吵架，你的能量比人強，就不容易吵起來。能量強不是看誰吼比較大聲，意思是你的福氣比人強，福澤爆棚時，甚至連說都不用說，瞄一眼，對方就能體貼你的心意，幫你把事情都處理得很好。透過各種利他善舉善心善行，把自己的能量提升起來才是正解，別浪費時間去吵架。

從前我在印度念書，當學生沒什麼錢，能買得東西也不多，但我數學跟物理很好，都可以幫同學補習，那時候的我，就覺得很滿足、很快樂。之後來台灣讀國防醫學院，台灣學醫的人都超聰明的，我的成績跟班上同學相比，實在不怎麼樣，但因爲兒時有出家過，我很會講善知識，全班第一名我也能開導他。人家看我從小孤身在異地求學，都說「不容易啊，你也是苦過來的。」但事實上，我所有思考都是正面的，每天利他、替別人著想，其實過得滿好的，我自己覺得，我一路都沒有苦過。

眞正的快樂是利他、替別人著想、把我執放到最小。當「愛我執」與「物執」逐漸卸下，整個人會覺得越來越清爽、越來越輕鬆，並感受到前所未有的愉快和圓滿，這是花再多錢也買不到的。利他好處多多，請務必親自嘗試看看。

Compassion……慈悲

與「善慧」同行，無論你人走到哪，都會大受歡迎。遇到鳥事鳥人，內心也不會慌亂。「慧」是智慧，「善」是慈悲的意思。慈悲兩個字拆開來看，慈是希望人快樂、希望人更好更健康這叫做慈。悲意思是希望人不要痛苦、不要遇到病痛、災難。慈悲兩字結合，就是世間最美好的心意。而有了這份心意，對智慧增長又相當有益。

西藏人修大菩提心、修慈悲心是有方法的。藏文講「退、散、貢（音譯）」，翻成中文是「聞、思、修」。聽聞善知識、思量善知識，並化爲實際善行善舉。聞思修三步驟，是每天持續到死之前都要做的。如同念書，一路幼稚園、小學、中學、大學、研究所……一路念上去，智慧能不斷生成、進步。而在這精進的過程中，常會伴隨著快樂與滿足。萬般帶不走，唯有智慧能隨身，在我來看，修慈悲心、令智慧增長，是很值得投資時間和精力去做的好事情。

良善的法、維持健康預防疾病的方法，都需要熟練串習。不是你去拜拜、聽了一些演講、訂閱健康類雜誌，天公伯或大師或教授就會給你加持，你就變得跟他們一樣聰明這樣。自己的健康自己救、自己的智慧自己開，聞、思、修這三步驟，得不斷不斷重複。同樣是在修煉，爲什麼有人能煉成，有人成果卻不怎麼樣？差別就在於這三步驟。很多人都只做到第一個和第二個。「喔，我知道。」「我聽過了。」以爲這樣就可以了，但其實只做了百分之三十、六十，能夠開智慧嗎？最後一哩路必須得走完，否則前功盡棄，那就很可惜。每天練習、修心，慢慢就會看到改變和進步。祈願你獲得大智慧，聞聲救苦的能力越來越強，升起快樂喜悅的能力也越來越棒！

D Drift……漂移

長期被夢想和目標塡滿的人，常會忽略身邊的風景。若你出現疲憊、不安、卡關或者是不順的感覺，是時候該把眼睛望向無垠的宇宙，放下手邊工作，放鬆全身上下每一束小肌肉，任自己在汪洋中靜靜漂移一會兒。

我們從工業社會進入到資訊時代，這兩個區段都很講究效率、效能，追求快。產量是越高越好，傳輸速度要飆速不能龜速，否則會被用戶投訴。快！快！快！是在快什麼辛酸的啦？很多時候，被催促的人，只記得要快點，但早已忘記原本的初衷。這時候，慢慢漂移一會，你會想起眞正重要的事情。

生病的人，都想要快快好。然而，很多事急不來，尤其是那些由不良生活習慣所長久累積出來的慢性病，特別難在朝夕間逆轉。又或者尋常的感冒，不吃藥其實也不會怎樣，但想要馬上覺得舒服、能繼續在職場上打拼，大把大把強效感冒藥吞下肚，反而讓自己的免疫系統喪失練兵的機會。還不如，懶懶躺在床上任時光漂移一會兒，靜候免疫部隊辨認病原微生物、建檔，再將它吞噬、殲滅。

舉凡再生、修復、代謝、消化這些身體內建的美好機制要能發揮作用，你要給它們一點時間。一直急一直急，把自己過得太緊湊又求好心切，首當其衝你的腸胃會跟著鬧脾氣，拉肚子或便祕，都有可能。此外，喜歡健身的人常會錯開部位重訓，今天練腿、明天練背這樣，因爲他們知道身體同一部位天天練，效果並不好，適度休息，也是一種練習。耍廢大師更明白放空無罪、偷懶有理的原理，人在放空或睡覺時，大腦會進行訊息重整，而重整過的頭腦將更靈光。

「醫生，我想不起來任何快樂的事」如果你跟我的這個病人一樣，那你該「漂移」了，把自己慢下來，像是漂在小河上的紙船那樣慢。慢條斯理咀嚼一塊美味起司、聽慢歌、用毛筆一筆一畫慢慢寫字、養一盆花慢慢看她長大、慢慢聆聽、慢慢說話，慢慢開始欣賞生活中的不完美、慢慢開始享受生命。

E Eureka……優里卡

「我知道了！」突然間腦洞大開的拉丁文就叫做優里卡。意思有點類似中文的「靈光乍現」。當你成功達成某項任務時，你就可以高聲歡呼優里卡。我發現了、我破解了、我找到了、我成功了、我了悟眞相了……類似這樣的感覺。

話說物理學家阿基米德有天被國王指派一個超級任務：去檢查王冠是否爲純金打造。百思不得其解的他，索性先去泡澡放鬆一下。不料這天水裝得特別滿，他一浸下去，泡澡水立刻嘩啦啦流了出來。這時，他突然靈光乍現，顧不得穿好衣服便衝上街大喊「Eureka！Eureka！」他悟出了浮力與密度間的祕密。

這個著名的物理學故事，我想它應該不是在鼓勵裸奔，而是啟發我們開始擁有自己的「優里卡時刻」。

這是一個開心到渾然忘我的美妙時刻。不過呢，坐等靈感從天上掉下來，不一定會有用。那，怎樣才能享受到快樂的優里卡時刻？精進用功、做好準備、努力再努力。你以爲物理學家、畫家、大文豪一出生就會算會畫會寫？不是喔，沒有好好練習過，就算天公伯送來一貨櫃優里卡，你也看不懂。佛學有個術語叫「正精進」，勉勵人勇猛精進鍛鍊自己。持續持續堅持下去，當因緣俱足時，美妙的優里卡時刻自然而然就會發生。

F Forget……忘卻

這世上有兩種健人最快樂，一種是健康的人，一種是健忘的人。後來我朋友說，「還有一種是賤人，他們也很快樂。」哈哈，可能吧，但遇到「賤人」的不愉快，還是別往心上放，趕緊忘了才好。

學會忘卻煩憂、釋放壓力，才能擁有最完整的健康力。光是想到因爲各種亂七八糟的情緒、壓力，會在神不知鬼不覺的狀況下大量消耗掉我身體裡的維生素C，我就不敢亂發脾氣。缺少維生素C，別說是生病了，連身體自行合成膠原蛋白都會缺料，那多虧啊！臉皺了、老了，找誰索賠去？那個惹怒你的人，說不定還十分逍遙呢！

有一天我看到Forget裡面藏著一個「get（得到）」，就覺得這個字好像在跟我說「先忘記，才能『得到』！」似乎眞的是這樣耶。被恐懼、不滿、憂鬱占據的心，就失了自在、滿足和開心的本錢。關上心門緊抓著過去的陰影不放，陽光是照不進來的。

還是忘了算了吧！

利他後善於忘卻，就不會覺得別人忘恩負義不知感恩。睡覺前善於忘卻，很多安眠藥都不用吃了，能睡得比豬還香。平日裡善於忘卻，他人之惡不上我心的功力越是好，人就越是輕鬆。來，點播一首鳳飛飛的《夜空》，「忘了吧！再想他又有什用，還不是煩惱多一重～～」，還不如通通放水流，把希望托夜空。

G Green heal 綠色療癒

在彩虹的七色光譜中，綠色，是一個很特別的顏色。它擁有令人安心、鎮靜、放鬆的短波長。如果你想要降血壓、減少情緒起伏干擾、工作表現更好或閱讀效率提升，身處於綠色環境中，例如把牆面漆成綠色、窗外有綠樹或桌上有盆栽，都非常有幫助。

爲什麼人類對綠色有如此正向的看法，很可能與演化有關。在沙漠裡看見綠洲，呀呼，得救了。走進一片森林，嘿嘿，有食物有水源，安全了。我覺得交通號誌設計成綠燈通行紅燈止步，還眞得很合理。

綠色有時候還跟健康概念有很深的連結。有調皮的研究者在糖果棒上分別貼了綠色和紅色的標籤給受測者挑選。即便成分完全相同，吃的人卻普遍認爲選綠色的比較健康。既然人們如此鍾愛綠色，醫療機構把腦筋動到了興建醫療花園上，事實證明，觀賞美好的植物、被綠色植栽包圍，許多人都因此更快恢復了健康。而對健康的人來說，如果你擁有一座美麗的花園、養著幾盆可愛的植物，或是很喜歡去公園走走、去山上走走，那麼恭喜你，你的創造力將會比一般人活躍。

在西藏，經驗老到的藏醫甚至會開出請你去某某神山朝聖這樣的處方。很多狀況，人做出來的藥物無法解決，但大自然可以。面對壯闊的神山，人很容易就覺得自己渺小，很容易就放下對自我的執著。在綠色自然的懷抱中，人體內的訊息得以重整，清濁納新，細胞用更好的方式再生，人身上的地水火風空五元素跟自然界的地水火風空做了一次很好的校正，恢復平衡、恢復健康，再自然也不過。

有研究人員量化植物能爲人提供什麼程度的快樂，他們發現，僅是把眼光投向美麗的行道樹所得到的愉悅感受，就相當於加薪一萬美元。不管到哪個國家，我都喜歡有草地與樹木的陪伴。覺得自己怎樣都開心不起來？種一盆，待花開。花開之日便是你與最好的自己相遇之時。

H Happy……開心

你今天開心嗎？好像不怎麼開心。爲什麼？錢不夠用，隔壁住了一個神經病，看政論節目生氣，家人罵我，同事給我難堪，老闆丟下來一堆工作，愛人辜負自己，孩子不乖不符合我的期待，別人比較有錢我嫉妒我不開心。原來，開心是掌握在別人手裡嘴裡？

那是無常的。

若主控權在他人，那麼你爽或不爽，每天出門就像擲骰子一樣，擲到一點就哭、擲到兩點就笑、擲到三點怒、擲到四點擔心、擲到五點焦慮、擲到六點歡天喜地。情緒如此跟著別人七上八下，荷爾蒙分泌亂七八糟，身心都不會舒服。那，怎樣才舒服？當然是把骰子拿回來啊！

誰跟你在那邊擲骰子。哥的人生，掌握在己，不在他。靜心淨心，內觀，看進自己心裡。掌握自己的內心世界，人就會很開心。

以前我念得是國防醫學院，當兵時班長很會罵人，很多人被罵到心情憂鬱、覺得自己一無是處甚至是懷疑人生，那是因爲被罵進心坎裡了。但我心裡就不這麼想。我出生於佛教家庭，爸媽是連吵架都沒吵過的那種爸媽，來台灣見識到班長三字經可以連續罵兩小時，從頭罵到腳，再從腳罵回頭，完全不會詞窮，我就覺得好精采，忍不住噗哧笑了出來。班長看了更生氣，罵「你笑什麼笑。」同學幫著回答，「報告班長，他是僑生啦，他聽不懂。」同樣是挨罵，我欣賞對方的口才，他的那些髒話，就都沒有罵進我心裡，我的心當然不會覺得很受傷。

別人罵你白癡，你會眞的會變成白癡嗎？有可能喔，如果你眞的被他催眠說服了，那還眞的會越來越笨。哎，先等等，誰跟你在那邊白癡，「我的聰明渾然天成瀟灑又帥氣，你居然看不出來？那可能是你比較白癡喔。」你可以這樣想。主控權在己，心裡要怎樣思量，那完全是自己的事。

心是好地方，你只讓好東西進來，至於那些髒的錯的壞掉的有毒的，門都沒有！You are your own master.（你是你自己的主人），如果你喜歡的話，你當然也能當自己的大師。期盼你我都能成爲快樂大師，不但令自己愉快，也常爲他人升起喜悅。

I Immunity 免疫力

全球約有一成的人面臨免疫失衡的問題。免疫力太高，容易過敏，身體像是自己人起內鬨這樣，而太低，最麻煩就是對抗外來病原微生物的防護力減弱，這就相當於你家連大門、窗戶都不關，隨便阿貓阿狗都能闖進來打砸搶。

那，怎樣才能敗部復活？四個方面尤需注意：吃得營養且天然、優化腸道菌相、過上排毒新生活，以及我認爲最重要的——活得開心！意思是，即便壓力山大，你也能一秒卸下重擔。這種超能力，是繁忙都市人特別需要來好好培訓的。

話說人體的免疫部隊裡有一支很強的自然殺手細胞，專長對付體內癌變的細胞，以及那些受病毒感染的細胞。若覺得自然殺手細胞勢單力薄，利用現在的醫療科技還能幫人增量，不過價格不便宜就是。

然而大部分人都不知道的事實是，這麼厲害的殺手細胞，連癌細胞都能格殺，卻會因爲你不開心、情緒不好、壓力爆表，而被你自己弄死。不開心、愛生氣，不單純是心情不美麗的問題，要是連自然殺手細胞都離你遠去，就眞的虧大了。人生總是會遇上令人生氣的事，這些事已經讓我們虧到了，如果又生起氣來，浪費了時間、浪費了維生素C、浪費了自然殺手細胞，豈不是虧上加虧？

自然殺手細胞其實要的不多，特別容易滿足，就只是想看你笑一笑而已。有人在觀賞完喜劇後去測量自然殺手細胞的活性，居然比之前面憂面臭時足足增加了六倍之多。爲了免疫力好，世界和平的時候要笑，世道艱難時更要笑，多跟朋友互相說笑打氣、對著鏡子練習迷人的笑容、做些令自己開心的事，搏君一笑、搏自己一笑，都是善。希望你能如此好好善待自己的身體。

J Job……工作

一想到要上工，你的心情是怎樣的呢？覺得壓力山大？覺得很期待？覺得很累？身體在前往辦公室路上，心靈卻很想去海邊度假？

事實上，科學家發現，要是你討厭、厭煩你的工作，那還眞的會比較累沒錯。花力氣跟精神去抗拒、去討厭、去拖拖拉拉，無形中又給自己增添額外負擔，一方面原本的工作還是得做，一方面又要花腦筋去討厭工作，等於是給大腦雙倍工作。而厭煩累積累積，到達腦疲勞的程度，有人會上網亂買，有人會去餐廳亂吃，有人會隨機亂罵人……總之，會比平常時候更容易做出一些自制力不足的蠢事。

同樣是工作，當你愉快又專注的時候，你分泌的是多巴胺，這爲你帶來衝勁。而當你厭煩又抗拒的時候，你分泌的是壓力荷爾蒙皮質醇，長期皮質醇過度分泌，讓人光速衰老。日本大阪大學還發現，若以背單字來說，正向詞彙較容易記住，負面詞彙則較難記住。看來，心情不美麗，恐怕連記憶力都會有差。

請儘量找出你工作的正面意義，是可以幫助自我實現？還是能讓家人過得更好？是在發掘自己生命的多元面向？還是對自己體力腦力精神力的鍛鍊？對促進全人類發展有益？如果你從事的是一份「正業」，那就不難從中發掘樂趣，因爲你的工作，除了自己賺到錢，還能幫助到很多人。如果怎樣想破頭，都找不到正面意義，那，難道你誤入的是「歪業」？對社會發展有損、對個人成長無益，比方說製作盜版商品、抄襲他人創意，若對此心生討厭，那也是很正常，還是趕緊換份工作吧！

能工作是福。能在工作中樂此不疲，那更是天大的福氣。願你在工作中，總能找到屬於自己的樂趣。

K Kindness 善良

人類，是現存已知地球上唯一一種能因爲獲得知識而感到快樂的物種。你先聽聞、知道了一件事，接著透過思考、分析再分析、認識了它深層的意義，然後去實用它、用它來奉獻、來幫助別人，這知識就不再只是知識，它昇華了成智慧，不受死生侷限、永遠爲你所用。

眞正的智慧，它擁有善良的屬性。

一個擁有豐富財稅知識，卻透過金融操作把大部分人的勞務所得轉移到自己口袋的人，貪嗔癡三種毒，他就中了兩種。同樣是掌握先進生物科技的科學家，有人製造出生化武器，有人做出救人的藥品，哪個更有智慧呢？答案顯而易見。貪人、傷人者，短暫來看似乎是賺到，但時間拉長，他們是雙倍、三倍以上的虧到，有智慧的人不會把時間和精力浪費在這樣損人不利己的糊塗事上面。

當人採取良善心意去使用知識的時候，會得到一個副作用最小、功效最大的結果。

如果你屬於這樣一個高級的智慧存有，你走過的每一步，腳下都宛如開出蓮花，美得不得了。也如同你持三叉戟往地面一戳，便源源不絕湧出甘露一樣，瞬間化解世間種種乾旱苦毒，帥得不得了。

請唯一支持「善良」這個選項。精進自己的轉化功力，把糟糕的話轉化爲良善言語，將雜亂無章的事妥善梳理，變成可行。知識＋善良＝智慧。而伴隨智慧的都是好東西，包含健康、快樂、幸福這些，良善之地有你一席之地。

在我們家鄉有這樣一種說法，就是你有一顆善良的心，鬼神都會覺得你可愛，不會欺負你。善良的內容包含尊敬神山、愛惜水源、禮敬長者、孝順父母、親近比自己更有智慧的人、包容和自己不一樣的人、反覆使用物品、減少自然資源耗損、喜歡把自己喜歡的東西送給別人。日日反省、懺悔，篩出心中的陰暗面，修補良善的破口，這就是我們西藏人的快樂祕方。

L Leave out …… 略過

船過水無痕、鳥飛不留影。想像你身處山水間，有艘小漁船打江上輕輕滑過，那畫面很美，幾隻小鳥結伴出遊嘰嘰喳喳從枝頭掠過，那聲音很吵。下一刻，你便起身，該幹嘛幹嘛去。方才的船、鳥，不管它是美，令你心歡喜，還是吵，令你心厭煩，都不重要，它來了、它走了，就是那麼自然。

人會生病、會不開心，常常就是因爲違反了自然。

人體內有一個「焦慮保護機制」，在惡劣環境下會自動開啟未雨綢繆模式，幫人類提高生存機率。現代生活環境可說是比原始部落優渥許多，哪還需要獵食採集？手機按一按，熊貓就幫你把美食送到家門口，只差沒餵進你嘴裡。古代人焦慮，焦慮得有道理，現代人焦慮，焦慮得沒天理，家附近就有超市超商，還屯糧是在屯什麼辛酸？台灣冬天幾乎不下雪，要吃什麼新鮮蔬菜沒有？事實上，有很多焦慮、擔心的事，有八、九成它都不會發生。

若你內建的「焦慮保護機制」強度自古以來從沒調整過，那現在可以來調降一些了。

畢竟，突然有野獸從草叢裡跳出來咬你一口的那個年代，已經過去了好久。雖然偶而還是會有罵你嗆你的「現代野獸」會突然出現，但被罵一下又不會少塊肉，人家罵我豬頭，我都笑笑回他，我這是人頭，不是豬頭。人家問我有沒有香港腳，我都正經八百跟他說，我這是西藏腳。

教一個有效調降焦慮敏感度的技巧：Leave out 略過。去洞察你現在的喜怒哀樂，一切都是心的作用。若是焦慮了，是有必要的焦慮嗎？能改變的事就不用焦慮，慢慢著手去改變就好，而不能改變的，焦慮也沒用，所以還是不用焦慮，直接略過就可以。

庸庸碌碌的人常會無端自尋煩惱，簡稱庸人自擾。他們在得意時自滿，又在失意時自憐，其實，順境逆境都像月亮一樣陰晴圓缺總有時，自滿自憐都屬於一種對自己境遇看不穿的執著。看透這點，又學會「略過」這個技巧，那你就是智慧人了，令你歡喜或厭煩的那些，船過水無痕、鳥飛不留影，只要出了鏡頭外，便可輕鬆放下。安享自在人生，就是這麼自然。

M Mindfulness 正念

在歐美，正念減壓現正流行中，作爲一種輔助醫療，練習正念，對於降低疼痛感、舒緩精神壓力、健全免疫機能、防治成癮行爲、解決注意力不集中以及改善飲食失調上，都有很好的助益。關於正念乃「專注活在當下」、「行動與心的結合」、「接納現況並與它和平共處」這方面的教導，市面上已有許多書籍都已經闡述得很好，不再贅述，這篇來談西藏的正念思維。

我受到的是「正念」+「正知」的訓練。活在當下只說了前面一半，後面一半，涉及人選擇要用怎樣的態度活在當下，這就是正知的部分。擁有正確的見解、觀念和知識，才能不放逸的守護好自心的眞善美，並得到精純的快樂與放鬆體驗。比方說正念走路，不是傻傻走、快快走、漫不經心亂亂走，心裡還掛念著股票下跌慘賠多少錢、誰誰誰罵你、還有多少房貸要繳。而是注意到自己走在哪、周圍是怎麼樣的狀況、自己呼吸如何、有沒有不小心踩到蝸牛、蚯蚓或狗尾巴？以至於在不自覺中造成了眾生的痛苦。

行住坐臥，正念正知全開時，不管自己在做什麼，都能清楚理解到自心受苦的因緣，與傲慢、嫉妒、攀比、貪求有關。這些，都需要「正念」＋「正知」雙重作用，才能很好去分辨。正念缺少正知輔助，人將空茫無所適從，稀里糊塗度過時時刻刻，一天又一天。帶著正知活在當下，就不怕妄念紛飛擾人休息、令大腦崩潰，應對自身煩惱的功力，也將大幅提升。

正念正知可以用來維護生理和心理健康，當然，它也是確保心靈健康的法寶。不管是佛教徒、基督徒，有沒有宗教信仰，「正念」＋「正知」的練習，都對人的身心靈平衡十分有益。

請時刻訓練自己有正確正向的想法，講話不亂亂講，以免傷了別人的心；吃飯不亂亂吃，以免傷了自己的身體；想法更是不能亂亂想，消極、負面、猜疑這種叫亂亂想。憑藉「正念」＋「正知」守好身口意，留意自己的話語、表情、行爲、意念，甚至是姿態，力求正確、正向、樂觀，不造成他人的傷害，這就是我所接受的藏傳正念訓練。希望能爲你派上用場。

N Notice⋯⋯注意到

牆上有條裂痕、對街有人向你招手、天空高掛卷積雲、烘焙坊麵包剛出爐⋯⋯這些，你都能注意到嗎？有對年輕夫婦帶兒子去吃飯，因爲是熟客，料理長不斷捏出特製握壽司想讓小朋友開心一下。眼見兒子死盯著平板看卡通，連個謝字都沒有，年輕爸爸不好意思地說，「勞你費心了，不過你現在就算端抹布出來，他也照樣吃下去。」

注意力、覺察力與生命力呈正相關。要是連自己究竟把什麼吃下肚都搞不清楚，生命力自然不會很強。當然你不用像超級特務或超級中醫一樣，有人從身旁走過，你立馬就能推斷出他的生活背景、健康狀況甚至是祖宗十八代，不用厲害到這種程度。但至少，太太變了髮型要能第一時間看出來，否則，你的生命可能會有危險，叫你去跪算盤或是主機板，都還算是客氣了。

得道高人幫助迷惘之人喚回放逸的注意力，會給他們一串葡萄或一顆橘子。其實任一種水果都行，不過要當成自己宛如從沒見過這些水果、把它們當成外星水果，重新認識它，聞一聞、在手裡掂掂重量、吸吮果汁、認眞咀嚼並細細品嘗，評比一下口感、甜度後，才吞下，最後觀察它留在口中的味道。注意力喪失的人行住坐臥都跟恐怖片裡的喪屍很類似，眼神空洞，你看著他，覺得他好像沒有靈魂。這時候，一串葡萄、一顆橘子，就是最好的「還魂丹」。趕快拿給他，再教他用上面的方法品嘗，立馬「果到病除」。

鄰桌聊天的噪音變成有趣的廣播劇、枯燥累人的行軍變成重新發現世界的小旅行，就連喋喋不休的某某人，你都能把他變成漫畫裡的逗趣角色。把像是猿猴般跳來跳去的「心」、把奔騰到不知哪去的「意」給叫回來，三魂七魄通通收攝回到自己身上，人不但生命力會更旺盛，還將活得更有樂趣。

O OK……好喔

在外流浪的人想要有個家，待在家的人想要去環遊世界。沒結婚的拚命想跳進去，在婚姻裡的又死命想逃出來。可不是嗎？你看婚這個字，女生是昏了頭才願意去嫁人。然而單身眞又那麼好嗎？孤身一人闖蕩江湖，闖得好的成了單身貴族，闖了禍的只能變成單身跪族。

在家、出家、結婚、不婚，沒有優勝劣敗，只有苦樂參半。你滿足、常常往內看自己擁有什麼，那就樂多一點。若常覺得虧到了、往外盡是看到自己所沒有的，那就苦多一些。遊牧民族性喜漂泊、農業民族愛好種地，愛當哪族當哪族，只要別加入「不滿族」的行列，成天抱怨個沒完，那日子，都還是很好過的。

老外說「ＯＫ」、台灣美眉說「好喔（尾音輕快）」、大陸人說「這可以啊！」聽起來是不是都很順心又順耳呢？當你跟別人這樣說的時候，其實也等於在跟自己的生命說Yes。擁有一張蓮花口、一顆菩提心，那，很多事情你就不會看不慣，你會覺得這些，都很可以。

痛苦之身，以抱怨、嫉妒、謾罵、指責、仇恨和不滿爲食。自由之身，以快樂、包容、支持、信任、肯定、接納爲資糧。好喔好喔，常跟別人說，也跟自己說。

憤恨不平覺得全世界都辜負了自己、空有一身好武藝卻無處施展、誰叫家裡窮哥只是欠栽培而已？腦海中若閃過這種想法，且讓它如流星般消失在無垠的夜空吧！

人體細胞組織每天都在代謝、重生、更新、重組，小到一個自然殺手細胞，大到整片因重訓而受到損傷的肌纖維。多虧了有這些重組重生，人的免疫力、肌耐力，都能更上一層樓。

人所遭遇的種種苦難、煎熬，都爲了成就更好的自己而來。出於善意，天公伯送來了各種訓練課程，全套走完，你會得到結業證書並晉升一級。只不過，有的課程強度太高，容易讓人誤以爲自己很衰、遭世界遺棄，而產生自怨自艾的想法，甚至迷惘了待在困局中走不出來。這就好比去健身房上課，然後教練太嚴格了，你耍脾氣把槓鈴丟到一邊，還一邊碎碎念這樣。

嘿！你遇到的教練很可能是魔鬼教練，看起來很兇很嚴厲，但他是來幫忙你肌肉長大的，不是來害你的。你經過了好幾組的鍛鍊，汗擦一擦、水喝一喝，去洗香香，然後回家吃蛋白質，睡覺休息兩天，噹啷！更強韌的肌肉束就成形了！身材也變得更精實好看！這時回頭看看當初那個坐在健身器材上發脾氣、埋怨嘀咕的自己，是不是傻得有點可愛呢！

上天賜予人天賦。有些事你天生就會、一學就會、特別容易上手，這些是直接送你的標配，然而更多進階的選配，是人今世的功課。我不會說它容易，但值得放手一搏。歷經切割、擦潤、抛光，寶石才能顯出它的價值。又或者去掉雜質、變得精純或堅實的這個過程我們稱之爲煉。熬得過火燒熾熱，方能煉成油、成丹藥、成鋼鐵。沒有人會說被切、被煉是容易的，是舒服的。尤其當自身雜質妄念特別多的時候，處理起來可能要花上好些功夫。

不過我認爲無論遭遇何種試煉，不妨帶著一點期待的心情，將它煉好煉滿，說不定，成果很令人驚喜呢！得失苦樂相伴相生。但沒有一種痛苦，它是永恆的，除非你誤以爲它永久不滅。從可愛的小傻瓜蛻變爲拈花微笑智慧人的時間不用長，一念一瞬彈指間。你理解了，苦便漸漸回甘了！

Q Queen……女王

「吼，我眞是受夠了」除非你降生到地球上時有勾選「委屈體驗」這一項，否則從現在開始，直到離世前那一刻，都活成自己喜歡的樣子吧！男人，活得像貴族，至於女性，何不當一回女王？

女王呢，可以霸氣，但不會歇斯底里。雖說當女王也可能會遇上一些倒楣事和討厭鬼，但女王要忙的事情可多了，比方說愉快喝個下午茶、與國際接軌學習新事物之類的，所以，「不好意思，雖然你眞的很討人厭，但我可沒時間討厭你喔，掰。」

喔對了，頤指氣使的那個叫「公主病」，不是眞公主，只是有病。跟我說的女王氣質完全不同。女王是優雅、慈悲、善良、願爲公眾利益著想、會去握著苦難人的手，是如此美好的化身。還有活在自己世界裡的那個叫「古井水蛙」，當個隨心所欲的女王，至少要有視野。看得多、學得多、知道的事情多、解決問題的方法更多，隨心所欲的特權從來不是從天上掉下來的，自在、快樂的本錢，是視野與智慧啊！懶懶躺在沙發上，意見特別多，事情卻又做得特別少的那顆是沙發馬鈴薯。除了胖貴妃外，沒有一個女王的強項是歪在貴妃椅上吃荔枝的啦！眞正的女王比方說英國女王，人家可是會射擊又懂修卡車，而精通多國語言的丹麥女王，考古、刺繡、幫《魔戒》畫插畫、爲戲劇設計服裝，替心愛的家人烹調佳餚，樣樣拿手。

當王、當貴族，跟一般人一樣，也有生病的機率。不同的是，王者更懂得運用意志力來驅動身體，用精神力創造出理想的現實，不僅讓自己看起來體面，也令事情圓滿。當一個女王，不會有捨不得用的高級刀叉，捨不得穿的衣服，捨不得花的旅費。

身分證上的年齡，只能告訴世人你活了多久，但無法透露你活得如何。怎樣，搞不好就來世上走這一遭而已，好盤子藏在櫥櫃難道是要留著當傳家寶嗎？再憋屈隱忍下去，天都要黑了。不想做的不要忍，想做的事不要等。對自己好一點、對他人好一點，帥氣恣意地當一回女王吧！

R Repent 悔悟

要人不犯錯，那是不可能的。但死鴨子嘴硬、硬拗，很累；內心懊悔煎熬，更累。錯誤如鯁在喉、積在腦、堵在胸，如此人怎能快活？肯定是相當不舒服的啊！

說到懺悔的力度，如果能對自己犯下的錯誤，好像吞了毒藥一般，感到很後悔，如此深深覺悟，這對於接下來的人生，將有正面的影響力。但如果只是，「哎呀，我也沒辦法啊！」「喔，被你逮到了，不好意思嘛，我錯了可以吧！」，只是這樣輕描淡寫耍賴皮，那，懺了也是白懺，還不如早點洗洗睡。

有些人想說反正晚上睡前懺悔能除罪，就懺得比誰都認真，甚至還哭出來、淚流滿面這樣。然後隔天依舊我行我素，隨便說話、亂亂做事、任意欺負別人也覺得沒關係，哈囉，你當懺悔是立可白嗎？還是大家都是白癡？這完全行不通啊！

後悔了，還要悟道、明白道理，誓不二過，在適當的時機用智慧的方法去道歉、去彌補，這才能稱得上是完整的懺悔、悔悟。至於悔悟有什麼好處呢？於身，你會不想再做任何傷害健康的事，把那些不良的習慣、錯誤的舉措看似毒藥毒酒，完全不想碰。於心，你越是懺悔，就好比在做血液淨化療程，所有毒素、髒東西、重金屬、雜質越來越少，你會感到前所未有的輕安與自在。每天每天，感恩加懺悔，如此持續一段時間，你連臉形、氣質，乃至說話的語氣，都會產生美好的變化。女孩子變成相當優雅的女性，人見人愛，男性則如貴族般玉樹臨風，想要做的事都會有很多人願意主動來幫你。

最精純、最舒爽、最無副作用的快樂你曾體驗過嗎？日日感恩加懺悔，請務必親自嘗試看看。

S See through……看透

人心有個盲點，摸到硬硬的杯子，常誤以爲這是堅實恆常的存在。但世間唯一不變的眞理是：沒有什麼是不會改變的。

假設今天我摔碎了一個常用來喝水的綠色陶杯，我不捨，我不願，但依然無法改變失去杯子的這個狀態。但我因爲太過不捨，就從此不喝水？當然不會這樣，還有玻璃杯、保溫杯、馬克杯能用。就算這世界上所有杯子都消失，我還可以用碗吧。在物資稀缺的山上，我們都是這樣走過來的。千年前西方朝聖者千里迢迢徒步到聖地，超過八、九百公里的路程，難道可以每天用樂扣帶便當？那時候哪有這種好東西！全憑一個扇貝搞定，盛水、舀食，妥妥的搞定。

世間種種人事物，都跟陶杯命運沒有兩樣，一杯在手讓人一度誤以爲，我們能永遠擁有它，或至少能擁有它很長一段時間。很多時候，人看待自己的生命，也常常過得好像自己能長生不老似的，或至少能活到七、八十歲這樣的平均值。

擁有與失去宛如一個硬幣的兩面，地水火風空合和是正面，地水火風空瓦解是背面。

握在手裡擁有，在心裡想到它，其實，它都一樣「存在」。從有到無是一個過程，從無到有也是一個過程，在這兩種過程中，若你同樣感到自在安定，那你就悟到了空性。

都是來教導我們無常與空性的助緣，一個陶杯、一個限量名牌包，乃至於一個人。你因國父已逝而感到傷心嗎？不用傷心，打開錢包，對就是紅色那張，他還在對你笑咧，其實，他一直都在。不增不減、不生不滅的那個實相，你能看透嗎？如若不能，《心經》與《金剛經》裡有解答，我很推薦這兩本，即便不是佛教徒，把它們當成哲學書籍來研讀，同樣受益良多。

T Tone .... 色調

大腦蒐集的外界情報，八成由視覺提供，而自律神經將如何運作，很大一部分，也跟你眼睛看到了什麼有關。舉個例子，如果你今天看到熊貓送來深褐色的香醇咖啡與美麗繽紛的各色糕點，就知道「啊，下午茶時間到了」，不自覺就放鬆身體。但如果你今天看到的是某人朝你怒氣沖沖走過來，心想「完了，我死定了」，肌肉自然而然會變得緊繃，爲逃走或應戰作準備。

自律神經失調、壓力山大，越來越多人有這種時髦的問題，不用苦惱，反而要慶幸，因爲這表示你有在江湖走跳、有在做事、有認眞生活、看得東西非常多，因此所受到的外界刺激比別人多，那也是很合理。

所幸，由眼睛看到什麼所搞出來的失調和壓力，同樣也能用眼睛來療癒。怎麼做呢？看一些「養眼」的，令精神放鬆、令心情愉悅的。我認爲，從色調著手，效果非常好。藍色、綠色擁有神奇的紓壓效果，看著藍天綠地，很難有人會心情不好。像我就很喜歡穿綠色衣服，希望能爲大家帶來穩定安詳的感覺。至於散發出愉快氣場的橘色，我也很常穿。

若你準備打造一個靜心空間，可考慮以低飽和度色調營造出沉穩恬靜氛圍的莫蘭迪色系，既內斂，還帶有一點高級感。整片牆面漆上這種「高級灰」，看上去就很舒服。

不想大費周章重漆牆面，最快的方法就是挑一盆合你眼緣的植物帶回家好生伺候著，去細細品賞葉片、花瓣在光線下的色澤變化，每天照顧、每天欣賞，人心也會變得細膩而柔軟。懂得呵護植物的人心，永遠不會變壞。

U Unload 卸載

一個人的身體、頭腦跟心靈都很健壯，才算是眞正的健康。因爲這三者相互關聯、相互影響，若有一根支柱不穩，整體平衡都會受到牽連。

人每天如廁，把身體不需要的殘餘垃圾、毒素給排泄出去。一樣的意思，人入世過生活，每天看到那麼多、聽到那麼多、自己想出來的又那麼多，在你消化過後，其中一些屬於糞土級別的垃圾，其實也應該把它們代謝出去。好好 Unload 卸載，人就會很輕鬆、很舒服、很健康。宿便在人的身體裡積毒，而宿怨、沒有營養的事、酸腐言語，其實也有毒性，長期累積，頭腦跟心靈便成了受害者。

有人以爲吐苦水能紓壓，更正，這是錯誤的觀念喔！吐苦水如同在頭腦裡把煩惱這塊泡麵泡開，脹滿頭腦，人只會更加惱熱不適而已，跟減輕痛苦完全扯不上邊。心理學家還發現，反覆思量傷害，相當於二次傷害、三次傷害。而且醜陋的事件經過記憶加工，往往能變得更加醜陋不堪。回憶宿怨如同再次喝下毒藥，不要這樣傷害自己。

正確的方法是卸載、拿掉底片，讓那些你不是很滿意的畫面離開頭腦、離開相機。重新換一捲新的底片，以嶄新的開始，繼續紀錄美麗人生。沒有看過底片的新世代，可以觀想你有一張新的記憶卡，容量很大，等著你去拍一些好東西這樣。

八卦、他人隱私、閒言閒語聊完不會清淨，以為會開心？那是有很多副作用的開心，要特別小心。而知識、專業、佛學、哲學、藝術、旅遊經驗、對生活中有趣的觀察和見解，以及幽默、新奇、利他、鼓勵性質的內容，聊了才會開心，而且副作用很小很小很小，利大於弊，像這樣的內容就可以放寬心去聊、去延伸。人心裡想的、頭腦裝的，找營養價值高、含金量高的，才是我們要的。至於屎屎尿尿、莫名其妙的那些，按馬桶直接沖掉就可以。

V View 視野

常看到壞的那面，情緒把人壓死死的，你就會不開心。所幸，心可以訓練，視野也能夠向上提升。把那些看錯的東西，重看，看成對的！徹底解決無明問題，人會打從心底快樂起來。

不知道你有沒有注意到一個有趣的現象，人往往只看到自己想看的。同樣一個人在吃冰淇淋，小朋友看到，覺得「好好喔，眞幸福。」養生魔人看到，「嗯哼，吃那麼多冰，身體都搞壞掉。」企劃人員看到，「啊哈，果然這時候推出這樣的涼夏商品，來客數一下子就多了起來。我眞厲害。」

以爲眞實的世界是你看到的那樣嗎？其實，有百分之八、九十屬於投影（Projection）。世界，是你想看到的那樣！所以我常說修心修心，最好學會淨心，這個平常就要練習。否則重要時刻，事實擺在眼前，你眼睛看出去卻好像蒙了層灰、對象被打馬賽克這樣，搞得你誤判情勢、是非不分、講錯話，那就很糗啦！

別被心中的想望給誤導，不要被自己的欲望、憤恨、資訊量不足給蒙了眼。最好是增廣見聞、了解差異、多接觸各類型文化，不是看到人家跟你不一樣，就立刻喊打喊殺。都什麼年代了，獵巫早就過時了好幾百年。能旅行的時候去走萬里路，不方便出門的時候，就讀萬卷書，或是透過網路學習也很好。

西藏有幅很著名的唐卡《生死之輪》，這是一幅講解生命因果的掛圖。核心繪有一隻豬咬著蛇和鳥的尾巴，意思是癡愚將衍生出怨怒與貪欲。蛇是怒氣的化身，鳥則是欲望的代表。先不管動物們有沒有同意被這樣畫出來，總之，這幅唐卡圖解了一個很重要的概念，那就是「別白癡了，快開智慧吧！」把心靜下來，任何因果你都能輕易看出來，把視野打開，別像豬蛇鳥一樣糾纏不休，別被貪嗔癡三種暗黑情緒給誤了一生。少花些時間去取悅別人，多花點時間拓展視野，視野打開之後，想解開令人苦惱的種種生命課題，離苦得樂、脫苦自在，那都不難。

W Welding ……… 焊接

有一個世界，因你的注視而存在，而你每一個注視，都使它重新誕生了一次又一次。

不少人因原生家庭受苦，但這都還不算最苦，我覺得最苦的是誤以爲這個苦是根深蒂固無法改變的，存在這樣一個誤解，那才是最最苦！負面想法先行，然後展現行動，結果很失敗、很衰、很帶賽，那也是很合理。正面想法先行，然後展現行動，「唉呀，這個人怎麼這麼好運。」「他好強喔。」別人看你，會是這樣的。

爲了釐清「好事常發生在樂觀人身上」這件事，英國心理學教授李察・韋斯曼（Richard Wiseman）曾設計一項實驗。他請受測者計算報紙上有幾張圖片，並私下在這份報紙中安插一個半版廣告，用大字寫上「告訴研究人員你看到這個，就能得到一百英鎊」。常認爲自己很衰的受測者，沒人注意到這個意外驚喜，而常覺得自己好命的人，還眞爲自己贏來了這份額外獎金。

自原生家庭繼承的負面神經傳導路徑，宛如母語，你沒注意，但已牢牢學起來。但永遠別忘記，腦神經元連結具有可塑性。想要活得快樂健康又好運，不妨自己改一改路徑。

負面、悲觀、沮喪的傳導途徑，少碰、少想、少用，它會自動慢慢淡化、減少連結，最後變成接觸不良這樣。而好命、好運、好爽、好開心的途徑，你要親自 Welding 焊接，把它牢牢接起來。怎樣接？請常常做這個練習：重新看待一件你從前認爲的衰事。

比如說，以前覺得下雨腳會濕濕很討厭，重想，下雨水庫有水、花會開得漂亮，找出正面意義，改用欣賞的方式去詮釋。又或者，一早被人叫起來很討厭，重想，結果提早去上班，額外多完成一件工作，賺到。

這一次次重想，就是令人一次次重獲新生的焊接。

萬一不幸從小常被唱衰，誰說你一定要聽話，乖乖衰一輩子？請立即重新焊接自己的美好人生，從看到這篇文章這一刻開始。

X XD……一個尷尬而不失優雅的開口笑

嚴格說來，XD不是一個單字而是一個表情，我覺得它比單字還好用。覺得好笑的時候你用XD，覺得超級超級好笑的時候，可以用XDDDDDDDDDDD。

一笑置之、一笑帶過、我也只是笑笑的而已……即便狀況不如預期，遇到令你無言的無厘頭之人，給他一個XD，那也是很清爽。不怕汙言穢語出口，失了優雅。不管外頭狀況如何惡劣，颳風下雨打雷都不管，你心裡要出大太陽，誰能攔你？大可以用一個微笑、一個XD，傳遞出內心的自在，讓他人能因著你的存在，也變得輕鬆愉快起來，這樣就很好。

我認識一個帥氣的阿姨，她總是用十分瀟灑的態度在過她的好日子，「老娘很忙，我可沒時間討厭你喔！」有吃美食的時間、有旅遊看世界的時間、有做保養療程的時間、有感受幸福的時間、有為理想打拼的時間，也有無所事事的放空時間，就是沒有討厭別人和生氣不爽的時間，我覺得這樣子的時間安排，實在是太有智慧啦！

由心裡生出的毒、生出的不安不自在，都能用這個配方來解：笑容＋愉悅＋希望。

這是伴你走在健康路上的一帖良藥，最棒的是，這帖藥方不花你一毛錢還不用擔心副作用的問題。一個笑，讓人恢復本來幸福快樂的樣子，如果一個笑不夠，那就笑兩個、笑三個吧！XDDD

Y Young 年輕

逆齡、凍齡，不只是打打玻尿酸和肉毒桿菌那麼簡單，而是要讓自己的身心靈，偶爾回歸到嬰兒時期的狀態，我稱爲「寶寶回春術」。第一個要跟寶寶學的是呼吸。你去觀察新生兒，他們大部分都採取緩慢深長的腹式呼吸，吸得很大口、吸得很悠哉。只有大人，才會因爲焦慮、壓力、緊張，而令自己長期呼吸短淺而不自知。呼吸沒搞好，內臟老化得很快，那也是沒有辦法的事情。

再來，手勢也很重要。嬰兒常常把大拇指攢在拳頭裡，睡得香香甜甜的。奇怪，又沒有人教，爲什麼全世界的嬰兒自然而然都會這樣，好神奇啊！對養生很有一套的道家，稱這個手勢爲「握固」，握得好，內在心氣歸一，而外在的邪毒之氣也無法侵擾。睡覺時、搭車時、靜心靜坐時，或當你感到害怕緊張時，都可以這樣把大拇指藏在拳頭裡，有點鬆又不會太鬆的握著，像嬰兒這樣。

第三，筋骨柔軟心就柔軟。固執的是老人、充滿彈性的是年輕人，但眞正在實踐空、無所罣礙的是嬰兒。最僵硬的極端是大體，而最柔軟的極端是小嬰兒。在僵硬大體跟柔軟嬰兒之間，就是人的生命線，往軟的那端移動，在心靈上是去拓展自己的深度和廣度、減少不必要的固執，在身體上是去練瑜伽、練伸展，能做到這樣，人就能老得更慢一些、更健康一些。

第四，給你。嬰兒和小孩最有意思的是，他們拿到一樣好東西，就會給你，然後燦爛一笑。這種不分你我他的原始狀態，多甜美啊！大人逐多了，會擔心虧到，會去分你的我的，會計較輸贏，會期待回報，然後得不到又在那邊氣噗噗，自己弄得自己心煩意亂，不小心就老了好幾歲。常保年輕的祕訣：「給你！（最好再附上一個甜甜的笑）」。

Z Zest……增添風味之物

Zest這個字同時具有增添風味之物，與熱情、興致這樣的雙重意涵，而要讓飲料或菜餚嘗來更有層次更高級，你去刨一些檸檬絲、柑橘皮細碎撒上去，這些細碎也叫Zest。

本書前面已經講了許多升起快樂的技巧，這最後一篇，就來錦上添花一下，希望以下幾個美好生活提案，能讓你的幸福人生美上加美、更添滋味。

◎**花錢升級，支持創作者。**網路上有很多免費的軟體和影音資源，想看舞台劇、聽專家說書、運動健身玩遊戲都十分便利。試過免費版，若覺得喜歡好用，不妨花點錢買升級版、無廣告版，讓自己充分享受到頂級體驗，一方面也是去支持好的內容生產者。台灣四、五年級生很多都又勤又儉，常捨不得花錢在自己身上，一直以來辛苦了，從現在起，請對自己好一點。

◎**廣設充電站。**再忙再累壓力再大都不會生病的人（眞的有這樣的人），大抵都很懂得復元。增長手機電池使用年限的方法是，別等到完全耗盡再充，剩百分之二十就可以先充電了。關於這點，人也一樣。預防諸多身心疾病，先充先贏、先養先贏，等垮了再來治療，能治的頂多多花時間，那還好辦，不可逆的，就回不去了。

所以我常勸人平常就要找好自己的祕密「能量點」，多半是一個自然環境，也可能是一家跟你氣質相合的咖啡館，你去樹下練呼吸、晒太陽、接地氣、抱樹、喝杯好咖啡、靜靜地待一會兒，很快能恢復元氣的這種地方，就是能量點。其他像是好的音樂、好的書籍、好的電影，也都能幫人充電。旅遊、度假、按摩、泡溫泉、學習新課程，也都有充電效果。請在你的人生中，廣設充電站，你將更有本錢爲夢想去衝去拼搏。

◎觀察寵物。生活中有貓狗的存在，能讓人活得更健康又長壽，這就是現在新興的寵物療法概念。不難理解，爲了遛狗，每天散步的時間和次數增加，自然對心血管保健也有益處。有了貓咪的陪伴，你摸摸牠，自己就產出幸福荷爾蒙催產素，這也對釋放壓力極有幫助。

友善的狗令人常保開心，優雅的貓讓你在不知不覺中就放鬆心情和身體四肢。觀察動物的行爲、肢體動作，我們喚醒的純眞、學會了瑜伽。至於到底養狗好還是養貓好？你開心就好。想養隻烏龜當「龜密」，也未嘗不可。

◎說謝謝時額外加上感想。感謝之情，是我父母一生不吵架的法寶。你把對方最可圈可點的那個優點，放大到如太陽一般耀眼，那，即便他的缺點多如繁星，也就全都看不見囉！

爲生活添加風味、增添滿意度，不妨將你的感謝之情，變得更加豐滿、更有人味。怎麼做呢？道謝＋感想。比方說，「謝謝你的好茶，喝來不僅鮮爽，還帶有迷人果香，我爸媽也喝得很開心。」「唉呀，太感謝了，還好有你幫我看一下孩子，否則我就錯失了一個好客户。」「謝謝你答應春節值班，很多同事因此可以返鄉跟家人團聚。」謝謝什麼呢？試著把後面具體的故事描述出來，彼此的開心感受都會更深刻。

◎關注好事，替人高興。大部分新聞台不知怎的，變成一個負面新聞大於正面消息的傳播平台，心理素質夠強才能看，否則常常會越看越恐慌、越看越焦慮。其實，這世界同時間也不斷有好事情正在發生，比方說新的療程研發出來、人類的健康壽命增長、航太科技又有新進展……。縮小來看，或許鄰居誕生了三隻小狗、隔壁老王捐助了三十份待用便當、候鳥正飛來某片濕地過冬，特別在你的居住地留意一下，肯定能挖掘出不少好消息。刻意關注這些值得慶幸的好事情，絕望將轉化爲希望；刻意練習替人感到高興，這對降伏傲慢心、斬斷千絲煩惱，特別有幫助。

每次寫到結尾我都會忍不住多囉嗦兩句，非常感謝你願意看完本書。別忘了，生活中有許多快樂的事，都是些小事，留心觀察、欣賞，它們都會顯化出來。最後，願你生活安康、心情舒暢，此生總有快樂與好運相伴。

【附錄】

快樂任務清單

CARE062

快樂醫學

作者—洛桑加參
主編—林菁菁
企劃主任—葉蘭芳
封面設計—秦華
封面攝影—張明偉
內頁設計—李宜芝
總編輯—梁芳春
董事長—趙政岷
出版者—時報文化出版企業股份有限公司
108019 臺北市和平西路 3 段 240 號 3 樓
發行專線—(02)2306-6842
讀者服務專線—0800-231-705・(02)2304-7103
讀者服務傳真—(02)2304-6858
郵撥—19344724 時報文化出版公司
信箱—10899 臺北華江橋郵局第 99 信箱
時報悅讀網—http://www.readingtimes.com.tw
法律顧問—理律法律事務所 陳長文律師、李念祖律師
印刷—勁達印刷有限公司
初版一刷—二〇二一年十月二十二日
初版八刷—二〇二三年十二月七日
定價—新臺幣四〇〇元

時報文化出版公司成立於一九七五年，
並於一九九九年股票上櫃公開發行，於二〇〇八年脫離中時集團非屬旺中，
以「尊重智慧與創意的文化事業」爲信念。

快樂醫學 / 洛桑加參著 . -- 初版 . -- 臺北市 : 時報文化出版企業股份有限公司 , 2021.10
面 ; 公分

ISBN 978-957-13-9449-7(平裝)

1. 靈修 2. 心身醫學 3. 生活指導

192.1 110015235

ISBN 978-957-13-9449-7
Printed in Taiwan